Jutta Streer

Selbstständig zur Rechtschreibung

5/6

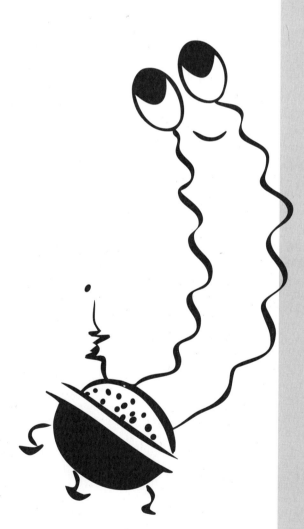

Ernst Klett Verlag
Stuttgart Düsseldorf Leipzig

Dieses Werk folgt der reformierten Rechtschreibung und Zeichensetzung.

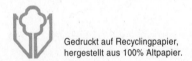
Gedruckt auf Recyclingpapier,
hergestellt aus 100% Altpapier.

1. Auflage   1 6 5 | 2002

Alle Drucke dieser Auflage können im Unterricht nebeneinander benutzt werden,
sie sind untereinander unverändert.
Die letzte Zahl bezeichnet das Jahr dieses Druckes.

© Ernst Klett Verlag GmbH, Stuttgart 1995.
Internetadresse: http://www.klett.de
Alle Rechte vorbehalten.

Von den Vorlagen ist die Vervielfältigung für den eigenen Unterrichtsgebrauch gestattet.
Die Kopiergebühren sind abgegolten.

Umschlag: Martina Mahle, Anita Bauch
Illustration: Martina Mahle, Stuttgart
Satz und Druck: Wilhelm Röck GmbH, Weinsberg

ISBN 3-12-327018-1

Selbstständig zur Rechtschreibung

Inhalt

Vorwort	IV
Worterklärungen	VI
Umgang mit dem Wörterbuch (Teil 1–4)	1
Großschreibung	5
Der Artikel als Signal (Teil 1–4)	5
Nomen auf -ung, -heit, -keit, -tum, -schaft und -nis	9
Namen	10
Verben	11
Adjektive	12
Anredepronomen	13
Zusammenschreibung	14
Nomen (Teil 1 und 2)	14
Adjektive	16
Gleiche und ähnliche Laute	17
b oder p? (Teil 1 und 2)	17
d oder t?	19
end- oder ent-?	20
seid oder seit?	21
g oder k?	22
-ig, -lich oder -isch?	23
f oder v?	24
ä oder e? (Teil 1 und 2)	25
äu oder eu? (Teil 1 und 2)	27
ai oder ei? (Teil 1 und 2)	29
Der s-Laut	31
Stimmhaftes s oder stimmloses ß?	31
ß (Teil 1 und 2)	32
ss und ß	34
Nomen auf -us, -as, -is, und -nis	35
s oder ss?	36
s, ss oder ß? (Wiederholung)	37
das oder dass?	38
Lange Vokale	39
Das hörbare h	39
Das unhörbare h (Teil 1–3)	40
Doppelvokale (Teil 1 und 2)	43
i oder ie?	45
Fremdwörter mit i	46
Wörter mit ih	47
Kurze Vokale	48
Der hörbare Unterschied	48
Verdoppelung und Häufung von Konsonanten (Teil 1–3)	49
k oder ck?	52
Kein ck in Fremdwörtern	53
Häufig gebrauchte Fremdwörter	54
Silbentrennung (Teil 1 und 2)	55
Zeichensetzung	57
Satzschlusszeichen (Teil 1 und 2)	57
Direkte Rede (Teil 1–3)	59

 = Schreibe aufs Blatt

 = Partnerarbeit

Vorwort

Zum Konzept

„Zu viele Rechtschreib- und Grammatikfehler! Geringer Wortschatz!" Mehr und mehr wird im Schulalltag und zu Hause die fehlende Sicherheit im Umgang mit der deutschen Sprache beklagt.

Diese Schwierigkeiten zeigen sich in ihrer Vielfalt besonders beim Übergang von der Grundschule in die weiterführende Schule, wenn es gilt Schülerinnen und Schüler mit z. T. unterschiedlichem Vorwissen in einen Klassenverband zu integrieren.

Die Materialien **Selbstständig zur Rechtschreibung, Selbstständig zur Grammatik** und **Selbstständig zum besseren Wortschatz** knüpfen an Unterrichtsformen an, die den Schülerinnen und Schülern aus der Grundschulzeit vertraut sind, und gehen – ergänzend zu dem an der Schule eingeführten Sprachbuch – diese Probleme gezielt an. Nach den Prinzipien des selbstständigen Lernens und Kontrollierens wird der Einzelne ermutigt seine individuellen Fehlerschwerpunkte zu überwinden.

Die Arbeitsblätter sind in der 5. und 6. Klasse von Lehrkräften verschiedener Schulformen (Realschule, Gymnasium, Gesamtschule) bei der Freiarbeit, im Klassenverband sowie im Förder- und Einzelunterricht erfolgreich erprobt worden. Sie orientieren sich an den geltenden Lehrplänen für die 5./6. Jahrgangsstufe, an den sprachlichen Defiziten der Kinder sowie an den Erwartungen und Erfahrungen der Deutschkolleginnen und -kollegen.

Sie sind zur Unterstützung und Erleichterung für den einzelnen Lehrer, für die Fachschaft Deutsch und für Schüler und Eltern zu Hause gedacht.

Die Materialien können als **Gesamttrainingsprogramm**, aber auch in **Auszügen** zur **Erarbeitung des Unterrichtsstoffs**, zur **Übung und Vertiefung** und zur **gezielten Behebung von Fehlerschwerpunkten** verwendet werden. Jedes Arbeitsblatt ist systematisch aufgebaut und stellt eine in sich geschlossene Unterrichtseinheit von etwa einer halben Stunde dar.

Durch motivierende Aufgaben wird versucht die Schüler möglichst viel selbst schreiben zu lassen. Auf Lückentexte wurde daher weitgehend verzichtet. Dadurch kann im Sinne der Kostenersparnis ein großer Teil der Arbeitsblätter mehrfach benutzt werden.

Einsatzmöglichkeiten

1. Bei der Freiarbeit
2. Als Unterrichtsmaterial im Klassenverband
3. Zur Binnendifferenzierung
4. Im Förderunterricht für leistungsschwächere Kinder und zur Angleichung von Spätaussiedlern und ausländischen Schülern
5. In Vertretungsstunden
6. Beim eigenständigen Nacharbeiten und Üben zu Hause

Ziele

1. **Training von Arbeitstechniken und Fertigkeiten im Fach Deutsch**
   - Suchen von Rechtschreibhilfen (z. B. deutliches Sprechen, Wortverwandte suchen, Verlängerungen bilden)
   - Erkennen der Grundbausteine von Wörtern
   - Systematisches Lernen nicht herleitbarer Wörter
   - Nachschlagen im Wörterbuch
   - Achten auf den richtigen Fall
   - Gezieltes Erfragen von Wörtern und Satzgliedern
   - Vermeidung von Wortwiederholungen und Achten auf den treffenden Ausdruck
   - Sicherung eines Grundwortschatzes

2. **Motivation und Selbstständigkeit**
   - Direkte Ansprache und Einbeziehung des Schülers
   - Kleinschrittige Erarbeitung und Übung des Stoffes
   - Orientierung des Arbeitstempos am individuellen Arbeitstempo des Schülers (keine Wartezeit für Schnellere, kein Druck für Langsamere)
   - Abwechslungsreiche, oft spielerische Übungen (Knobel- und Denksportaufgaben, Rätsel, Schreibspiele, Möglichkeiten zur Partnerarbeit)

3. **Selbstkontrolle**
   - Möglichkeit der eigenen Überprüfung durch die Lösungsseite
   - Rückmeldung über Schwächen und Fortschritte entwickelt Eigenverantwortung und Selbstvertrauen
   - Durch eigene Kontrolle Entspannung von gehemmten Kindern

4. **Training von grundlegendem systematischem Arbeitsverhalten**
   - Ruhiges und konzentriertes Arbeiten
   - Ausdauer
   - Richtiges Abschreiben
   - Genaues Lesen und Befolgen von Arbeitsanweisungen, Hinweisen und Tipps
   - Beantwortung der Aufgaben in der richtigen Reihenfolge
   - Kontrolle der eigenen Arbeit und Berichtigung der eigenen Fehler

5. **Training sozialer Verhaltensweisen**
   - Durch Angebot an Partnerübungen Entwicklung der Bereitschaft zu helfen und sich selber helfen zu lassen

Praktische Hinweise

Selbstständig zur Rechtschreibung und **Selbstständig zum besseren Wortschatz** sind auch als Selbstlernkurse einsetzbar. Die Aufgaben in **Selbstständig zur Grammatik** setzen die Behandlung des Stoffes im Unterricht voraus und dienen der Übung und Festigung.

Die einzelnen Kapitel können unabhängig voneinander bearbeitet werden. So kann der Lehrer weiterhin seine persönlichen Schwerpunkte setzen und die Schüler bei der Themenwahl entsprechend beraten. Nur innerhalb der Kapitel ist oft die Beibehaltung der vorgegebenen Reihenfolge sinnvoll.

Aufgaben, die das Symbol „Partnerarbeit" haben, können meist mit leicht veränderter Aufgabenstellung auch allein gelöst werden. Andererseits kann aber auch bei vielen Aufgaben ohne dieses Symbol gemeinsam gearbeitet werden.

Die Prinzipien des selbstständigen Arbeitens, wie Bereitstellen des Materials, ruhiges und konzentriertes Arbeiten, genaues Lesen der Arbeitsanweisungen und Tipps, verantwortungsbewusstes Kontrollieren und Berichtigen, sollten vorher besprochen werden.

Unterrichtsvorbereitung und schnelle Kontrolle werden erleichtert. Der Lehrer gewinnt Ruhe und Zeit für die Beobachtung des Lern- und Arbeitsverhaltens einzelner Schüler und erhält so eine wichtige Gesprächsgrundlage für Elterngespräche und Konferenzen. Er kann sich in dieser Stunde einzelnen Kindern widmen.

Häufig fragen Eltern nach zusätzlichem Übungsmaterial. Tipps und Lösungsblätter verschaffen ihnen die Möglichkeit sich schnell über den Lernstoff zu informieren und mit dem Kind zu arbeiten.

Bei Nutzung als Freiarbeitsmaterial

1. Anschaffungen
vom Lehrer:
Aktenordner für die Arbeitsblätter, Klarsichthüllen, Klebestreifen, Locher, mehrere Würfel, Schere

vom Schüler:
Ringbuch mit DIN-A4-Blättern

2. Anlegen der Ordner
Klassenordner:
Jedes Arbeitsblatt kommt in eine Klarsichthülle. Damit die Originale erhalten bleiben, werden sie an der Rückseite der Klarsichthülle mit Klebestreifen befestigt. So kann man die Kopien davor stecken. Die Inhaltsverzeichnisse werden in Klassenstärke (plus 3 Exemplare für die Klassenordner) kopiert. Wie oft die Vorderseiten der Arbeitsblätter kopiert werden, hängt von den Einsatzvorstellungen der Lehrerin oder des Lehrers ab. Die Kopien der Arbeitsblätter werden vor die Originale gelegt. Zuerst werden die Inhaltsverzeichnisse und die Worterklärungen, anschließend die Folien mit den Arbeitsblättern in die Klassenordner einsortiert.

Ringbuch des Schülers für Freiarbeit:
Jeder Schüler heftet vorne die Inhaltsverzeichnisse der Materialien ein um sich jederzeit mit dem Angebot der Ordner vertraut machen und daraus auswählen zu können. Er legt die Kapitel **Rechtschreibung**, **Grammatik** und **Wortschatz** an.

3. Vorüberlegungen mit den Schülerinnen und Schülern
– Welches **Thema** suche ich aus? Der Schüler nimmt sich das Inhaltsverzeichnis und die letzten Klassenarbeiten vor und fragt sich: Wo fühle ich mich unsicher? Anfangs hilft sicher der Rat des Lehrers.
– Was bedeuten die **Symbole**? Erklärung der Symbole S. III.
– Wo erfahre ich die Bedeutung der verwendeten **lateinischen Fachausdrücke**? S. VI.
– Wann ist das **Beschriften der Arbeitsblätter** erlaubt? Der Schüler, der sich eine vor das Original gesteckte Kopie an seinen Platz geholt hat, löst normalerweise die Aufgaben in seinem Ringbuch (Thema und Datum nicht vergessen!). Nur beim Symbol sollte er die Lösung auf das Arbeitsblatt schreiben.
– Woher weiß der Lehrer, wann er **neue Arbeitsblätter kopieren** muss?
Der Schüler, der die letzte Kopie herausnimmt, trägt die Nummer der Seite auf einem dafür angelegten Blatt ein.
– Wie **kontrolliert** sich der Schüler?
Er nimmt das Lösungsblatt und vergleicht sein Ergebnis Wort für Wort mit der vorgegebenen Lösung. Er streicht seine Fehler an und verbessert sie.
– Was muss der Schüler tun, wenn er mit seinem Arbeitsblatt **fertig** ist?
Im Inhaltsverzeichnis seines Ringbuchs notiert er hinter dem erledigten Thema das Datum der Bearbeitung. Er ordnet seine Ergebnisse in seinem Ringbuch ein. Die Klarsichtfolien mit den Lösungen und, je nach Absprache mit dem Lehrer, auch die unbeschriebenen Arbeitsblätter legt er wieder an die richtige Stelle im Klassenordner zurück.
Der Lehrer sollte für diese Arbeiten am Ende der Stunde einige Minuten Zeit zur Verfügung stellen.

Worterklärungen

Adjektiv	Eigenschaftswort/Wiewort – hell, witzig
Akkusativobjekt	Satzglied, Ergänzung im 4. Fall (Frage: *wen?/was?*) – Ich sah *ein Krokodil*. *Wen/was* sah ich?
Anredepronomen	Anredefürwort – du, dich, Sie, Ihnen, ...
Artikel	Begleiter/Geschlechtswort – der, die, das, ein, eine, ...
Dativobjekt	Satzglied: Ergänzung im 3. Fall (Frage: *wem?*) – Er half *dem Löwen*. *Wem* half er?
Deklination	Beugung – der Ball, des Balles, dem Ball, ...
Femininum	weibliches Hauptwort – die Katze, die Gesundheit
Futur	Zukunft – Wir werden spielen.
Genitiv	2. Fall (Frage: *wessen?*) – Das Fell *des Hundes* glänzt. *Wessen* Fell?
Imperativ	Befehlsform – Iss! Esst!
Infinitiv	Grundform des Verbs – spielen, sein
Konjugation	Beugung, Veränderung der Verbform – ich spiele, du spielst, es spielt, ...
Konjunktion	Bindewort – und, oder, denn, damit, obwohl, ...
Konsonant	Mitlaut – b, c, d, f, g, h, j, k, l, m, n, p, q, r, s, t, v, w, x, y, z
Maskulinum	männliches Hauptwort – der Tiger, der Mut
Neutrum	sächliches Hauptwort – das Schwein, das Leben
Nomen	Namenwort/Hauptwort/Substantiv – Affe, Mut
Nominativ	1. Fall (Frage: *wer?/was?*) – der Löwe
Perfekt	vollendete Gegenwart – du hast gespielt, er ist gelaufen
Personalpronomen	persönliches Fürwort – ich, du, er, sie, es, ...
Plural	Mehrzahl – die Gespenster
Plusquamperfekt	Vorvergangenheit – wir hatten gespielt, ihr wart gelaufen
Possessivpronomen	Besitz anzeigendes Fürwort – mein, dein, sein, unser, euer, ihr, ihrem, ... Hund
Prädikat	Satzglied: Satzaussage (Frage: *Was tut jemand/etwas? Was geschieht?*) – Michaela *ist geschwommen*. *Was tut* Michaela?
Präposition	Verhältniswort – neben, auf, unter, ... dem Tisch
Präpositionalobjekt	Satzglied: Ergänzung mit Präposition – Ich träumte *von meiner Katze*. *Wovon* träumte ich?
Präsens	Gegenwart – ich spiele, sie läuft
Präteritum	Vergangenheit – ich spielte, sie lief
Singular	Einzahl – das Gespenst
Subjekt	Satzglied: Satzgegenstand im 1. Fall (Frage: *wer?/was?*) – *Das Kamel* gefiel mir. *Wer/was* gefiel mir?
Verb	Tätigkeitswort/Tuwort/Tunwort/Zeitwort – spielt, laufe
Vokal	Selbstlaut – a, e, i, o, u

Rechtschreibung

Teil 1

Umgang mit dem Wörterbuch

Hallo, Erdling!

Ich bin Gnork, der Außerirdische. Ich habe so meine Schwierigkeiten mit der Rechtschreibung einiger Erdbewohner. Heißt es zum Beispiel **Klex** oder **Klecks**? Und was ist das eigentlich?

Weißt du auch manchmal nicht, wie ein Wort geschrieben wird oder was es genau bedeutet? Dann kann dir das Wörterbuch helfen.

Du lernst nun das Wörterbuch richtig und schnell zu benutzen. Dazu musst du das Alphabet ohne zu überlegen auswendig können.

1. Wer A sagt, muss auch B sagen.

1. Sage das Alphabet einer Mitschülerin oder einem Mitschüler auswendig auf. Wiederhole es, bis du es fließend kannst.
2. Welcher Buchstabe steht zwischen P und R?
3. Welcher Buchstabe steht vor U?
4. Welcher Buchstabe steht hinter J?

2. Matthias findet in seiner Schultasche einen kleinen Zettel mit einer Zahlenschrift. Er hat zufällig mitbekommen, dass diese Geheimschrift etwas mit dem Alphabet zu tun hat. Plötzlich hat er eine Idee. Er stellt fest, dass 1/14/14/1 *Anna* bedeutet. Wie hat Matthias die Geheimschrift geknackt?

1. Entschlüssele 2/1/5/18/5/14/19/20/1/18/11. (ä = ae)
2. Verschlüssele das Wort *Klassenzimmer.*
3. Verschlüssele drei eigene Wörter und lasse sie durch deine Partnerin oder deinen Partner entschlüsseln.

3. Ordne nach dem Alphabet.

Weihnachten – Karneval – Ritze – Hamster – pudelnass – Schloss – Computer – Arzt – Eisdiele – Quiz – Fahrrad

4. Was magst du? Was magst du nicht?

Lege eine Tabelle an und trage deine Antworten in der Reihenfolge des Alphabets ein. Witzige Ideen sind erwünscht. Du kannst auch das Wörterbuch zu Hilfe nehmen. Lest euch gegenseitig eure Ergebnisse vor.

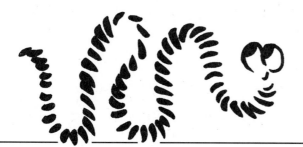

Ich mag	Ich mag nicht
Affen	Angeber
Bandwürmer	Bodybuilding
Chinarestaurants …	Cornflakes …

© Ernst Klett Verlag GmbH, Stuttgart 1995.
Von dieser Druckvorlage ist die Vervielfältigung für den eigenen Unterrichtsgebrauch gestattet.
Die Kopiergebühren sind abgegolten.

Kopiervorlage **1 R**

Umgang mit dem Wörterbuch
Teil 1

Rechtschreibung

1. Wer A sagt, muss auch B sagen.

1. Sage das Alphabet einem Mitschüler auswendig auf.
   A B C D E F G H I J K L M N O P Q R S T U V W X Y Z

2. Welcher Buchstabe steht zwischen P und R?
   Q

3. Welcher Buchstabe steht vor U?
   T

4. Welcher Buchstabe steht hinter J?
   K

2. Wie hat Matthias die Geheimschrift geknackt?
Die Reihenfolge der Zahlen entspricht der Reihenfolge der Buchstaben im Alphabet, also 1 = a, 2 = b, 3 = c, ...

1. Entschlüssele 2/1/5/18/5/14/19/20/1/18/11. (ä = ae)
   baerenstark
2. Verschlüssele das Wort *Klassenzimmer*.
   11/12/1/19/19/5/14/26/9/13/13/5/18

3. Ordne nach dem Alphabet.
Arzt – Computer – Eisdiele – Fahrrad – Hamster – Karneval – pudelnass – Quiz – Ritze – Schloss – Weihnachten

R 1 *Lösung*

Rechtschreibung

Umgang mit dem Wörterbuch

Teil 2

> **!** Wenn die ersten Buchstaben der Wörter gleich sind, musst du darauf achten, wann der erste *unterschiedliche* Buchstabe kommt. So steht *Keller* vor *Kellner*, denn *Kell-* ist zwar in beiden Wörtern gleich, aber beim fünften Buchstaben kommt e vor n.

1. Ordne die Wörter nach dem Alphabet.

 1. Bonbon – Bus – Braten – Blumentopf – Bagger – Besen
 2. Klassenfest – Kloster – klingeln – Kleeblatt – klug
 3. versäumen – Verkauf – Verlust – verpassen – vermissen

2. Die Nachnamen deiner Mitschüler
Schreibe die Namen zuerst ungeordnet auf. Ordne sie dann alphabetisch. Vergleiche mit einem Mitschüler.

3. Vor dir liegen zwei Auszüge aus dem Wörterbuch. Suche zu *Computer* mindestens fünf Auskünfte heraus, die dir das Wörterbuch gibt, z. B. Artikel (Begleiter), ...

> **Com|pu|ter** [...ˈpju:...], der; -s, - ⟨engl.⟩ (programmgesteuerte, elektron. Rechenanlage; Rechner); **Com|pu|ter_ani|ma|ti|on** (↑ R 132; durch Computer erzeugte bewegte Bilder), ...**bild**, ...**di|ag|nos|tik**, ...**ge|ne|ra|ti|on**; **com|pu|ter_ge|steu|ert**, ...**ge|stützt**; **com|pu|te|ri|sie|ren**; **Com|pu|ter|kri|mi|na|li|tät**; **com|pu|tern** (mit dem Computer arbeiten, umgehen); **Com|pu|ter_spiel**, ...**spra|che**, ...**to|mo|gra|phie** (die; -, -n; *Abk.* CT), ...**vi|rus**

> **El|e|fant**, der; -en, -en (↑ R 126) ⟨griech.⟩; **El|e|fan|ten_bul|le** (der), ...**fuß** (runder Trittschemel), ...**haut** (die; -; wasser- und wischfester Schutzanstrich), ...**hoch|zeit** (ugs. für Zusammenschluss von mächtigen Unternehmen, Verbänden o. Ä.); **El|e|fan|ten_kuh**, ...**ren|nen** (ugs. für langwieriger Überholvorgang zwischen Lastwagen), ...**run|de** (salopp für Fernsehdiskussionsrunde der Parteivorsitzenden nach einer Wahl); **El|e|fan|ti|a|sis**, die; -, ...iasen (*Med.* unförmige Hautverdickung)

Duden, Bd. I Die deutsche Rechtschreibung. Mannheim: Dudenverlag 1996.

4. Nun geht es um das Stichwort *Elefant*.

 1. Wie wird *Elefant* getrennt?
 2. Wie lautet der bestimmte Artikel (Begleiter)?
 3. Schreibe den Genitiv (2. Fall) auf: des ...
 4. Wie heißt der Plural (Mehrzahl)? die ...
 5. Aus welcher Sprache stammt das Stichwort?
 6. Welche Bedeutung hat *Elefantenhochzeit*?
 7. Welche Information gibt der Punkt unter *Elefant*?
 8. Welche Wortzusammensetzungen mit *Elefant* gibt es?

Umgang mit dem Wörterbuch
Teil 2

Rechtschreibung

1. Ordne die Wörter nach dem Alphabet.

1. Bagger – Besen – Blumentopf – Bonbon – Braten – Bus
2. Klassenfest – Kleeblatt – klingeln – Kloster – klug
3. Verkauf – Verlust – vermissen – verpassen – versäumen

3. Vor dir liegen zwei Auszüge aus dem Wörterbuch. Suche zu *Computer* mindestens fünf Auskünfte heraus, die dir das Wörterbuch gibt.
Genaue Rechtschreibung, Artikel (Begleiter), Genitiv Singular (2. Fall Einzahl), Nominativ Plural (1. Fall Mehrzahl), Silbentrennung, Länge des Vokals, bei Fremdwörtern Herkunft, Bedeutung, Zusammensetzungen mit dem Stichwort

4. Nun geht es um das Stichwort *Elefant*.

1. Wie wird *Elefant* getrennt?
E-le-fant

2. Wie lautet der bestimmte Artikel (Begleiter)?
der

3. Schreibe den Genitiv (2. Fall) auf:
des Elefanten

4. Wie heißt der Plural (Mehrzahl)?
die Elefanten

5. Aus welcher Sprache stammt das Stichwort?
aus dem Griechischen

6. Welche Bedeutung hat *Elefantenhochzeit*?
Zusammenschluss von mächtigen Unternehmen, Verbänden o. Ä.

7. Welche Information gibt der Punkt unter *Elefant*?
Das **a** ist der betonte Vokal. Er wird kurz gesprochen.

8. Welche Wortzusammensetzungen mit *Elefant* gibt es?
Elefantenbulle, Elefantenfuß, Elefantenhochzeit, Elefantenkuh, Elefantenrennen

Rechtschreibung **Umgang mit dem Wörterbuch**

Teil 3

Nachschlagewettbewerb ... Nachschlagewettbewerb ...

● **Das Wörterbuch zeigt dir die genaue Rechtschreibung.**

1. Schlage nach und schreibe die Wörter richtig auf.
   Medalje – Medaile – Medaille – Medallie
   Alphabeet – Alphabett – Allfabet – Alphabet

● **Im Wörterbuch erfährst du den bestimmten Artikel.**

2. Auf welcher Seite steht das Wort? Schreibe es mit dem Artikel auf.
   Beispiel: das Parterre (S. ?)
   Quatsch – Dutzend – Knoblauch – Klima – Veranda – Allee

● **Das Wörterbuch gibt den Plural (Mehrzahl) des Nomens an.**

3. Nenne Singular- und Pluralformen. Gib die Seite an.
   Beispiel: der Professor – die Professoren (S. ?)
   Kaktus – Architekt – Aquarium – Dampf – Atlas – Reptil

● **Das Wörterbuch zeigt dir, wie du ein Wort trennen musst.**

4. Wie trennt man diese Wörter? Gib auch die Seite an.
   Beispiel: Marionette: Ma-ri-o-net-te (S. ?)
   Seenotrettungsdienst – Bäckerei – Uferbefestigung – Videothek

● **Das Wörterbuch erklärt die Bedeutung seltener Wörter.**

5. Erkläre kurz die Bedeutung jedes Wortes.
   Auf welcher Seite des Wörterbuches steht es?
   Beispiel: Grotte: Felsenhöhle (S. ?)
   Köder – spuken – knobeln – Konkurrenz – Schlüsselkind – Halunke – Verb –
   Adjektiv – Verlies – Eulenspiegel

● **Das Wörterbuch zeigt die Länge des betonten Vokals.**

6. Schreibe die Wörter ab und markiere die Länge des betonten Vokals durch
   Strich oder Punkt. Gib die Seite im Wörterbuch an.
   Beispiel: alle (S. ?) – Allee (S. ?)
   groß – trocken – Nacht – nach – Pfand – Pfanne – wir

Umgang mit dem Wörterbuch
Teil 3

Rechtschreibung

1. Schlage nach und schreibe die Wörter richtig auf.
   Medaille, Alphabet

2. Auf welcher Seite steht das Wort? Schreibe es mit dem Artikel auf.
   der Quatsch – das Dutzend – der Knoblauch –
   das Klima – die Veranda – die Allee

3. Nenne Singular- und Pluralformen. Gib die Seite an.

der Kaktus	– die Kakteen
der Architekt	– die Architekten
das Aquarium	– die Aquarien
der Dampf	– die Dämpfe
der Atlas	– die Atlanten und Atlasse
das Reptil	– die Reptilien

4. Wie trennt man diese Wörter? Gib auch die Seite an.
   See-not-ret-tungs-dienst, Bä-cke-rei, U-fer-be-fes-ti-gung, Vi-de-o-thek

5. Erkläre kurz die Bedeutung jedes Wortes.
   Auf welcher Seite des Wörterbuches steht es?

Köder:	Lockmittel
spuken:	gespensterhaftes Unwesen treiben
knobeln:	losen, würfeln, nachdenken
Konkurrenz:	Wettbewerb
Schlüsselkind:	Kind mit eigenem Wohnungsschlüssel, das nach der Schule unbeaufsichtigt ist, weil beide Eltern berufstätig sind
Halunke:	Schuft
Verb:	Zeitwort, Tätigkeitswort
Adjektiv:	Eigenschaftswort
Verlies:	Gefängnis, Kerker
Eulenspiegel:	Titelgestalt eines deutschen Volksbuches

6. Schreibe die Wörter ab und markiere die Länge des betonten Vokals durch Strich oder Punkt.
   Gib die Seite im Wörterbuch an.
   groß – trocken – Nacht – nach – Pfand – Pfanne – wir

Rechtschreibung **Umgang mit dem Wörterbuch**

Teil 4

Prüfe selbst mit diesem Abschlusstest, wie gut du jetzt mit dem Wörterbuch umgehen kannst.

1. Ordne die Wörter alphabetisch.
   1. Stehplatz – Schwimmbecken – Stimmung – Straßenbahn
   2. versetzen – versprühen – versprechen – versteigern
   3. Quelle – Reihe – Quittung – Rehe – quer – rennen
   4. Pflaster – Schnorchel – Pflaume – Schnupfen – Sahne

2. Überprüfe im Wörterbuch die Schreibweise. Schreibe die richtige Lösung auf.
   Mayonnaise – Mayoneise – Majonnaise – Majonäse
   Matematik – Mathematick – Mattematik – Mathematik
   interesant – interressant – interessant – interessand
   Karussell – Karrusell – Karrussel – Karusel

3. Wie heißt der richtige Artikel?
   Kommando – Wehleidigkeit – Gelübde – Weihnachten –
   Paprika – Klima – Etage – Strophe – Referat

4. Suche die Wörter im Wörterbuch und trenne richtig.
   Ingenieur – Apotheke – vielleicht – Kakao – schimpfen

5. Schreibe die Wörter ab und markiere, ob der betonte Vokal kurz oder lang ist.
   Stereo – miserabel – im – Analphabet – Schnitzeljagd

6. Welche Bedeutung hat das Wort? Gib alle Bedeutungen an.
   Tau (3 Bedeutungen) – Rezept (2 Bedeutungen) – verschmitzt –
   Heide (2 Bedeutungen) – Neandertaler – eventuell

7. Schreibe das Wort *Witz* mit seiner Wortfamilie auf.
   Witz: Witzblatt, …

8. Suche das Wort *Tyrann*.
   1. Welchen Artikel (Begleiter) hat es?
   2. Wie heißen der Genitiv Singular (2. Fall Einzahl) und der Nominativ Plural (1. Fall Mehrzahl)?
   3. Aus welcher Sprache stammt das Wort?
   4. Was bedeutet es?
   5. Markiere, ob der betonte Vokal kurz oder lang gesprochen wird.

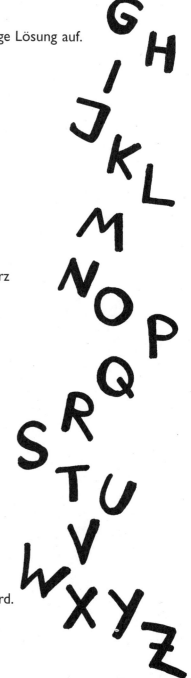

Umgang mit dem Wörterbuch
Teil 4

Rechtschreibung

1. Ordne die Wörter alphabetisch.

1. Schwimmbecken – Stehplatz – Stimmung – Straßenbahn
2. versetzen – versprechen – versprühen – versteigern
3. Quelle – quer – Quittung – Rehe – Reihe – rennen
4. Pflaster – Pflaume – Sahne – Schnorchel – Schnupfen

2. Überprüfe im Wörterbuch die Schreibweise. Schreibe die richtige Lösung auf.
Majonäse, Mathematik, interessant, Karussell

3. Wie heißt der richtige Artikel?
das Kommando – die Wehleidigkeit – das Gelübde – das Weihnachten – der Paprika – das Klima – die Etage – die Strophe – das Referat

4. Suche die Wörter im Wörterbuch, und trenne richtig.
In-ge-ni-eur, A-po-the-ke, viel-leicht, Ka-ka-o, schimp-fen

5. Schreibe die Wörter ab und markiere, ob der betonte Vokal kurz oder lang ist.
Ster̲eo – miser̲abel – ịm – Analphabe̲t – Schnịtzeljagd

6. Welche Bedeutung hat das Wort? Gib alle Bedeutungen an.
Tau: 1. Niederschlag – 2. starkes Schiffsseil – 3. griechischer Buchstabe
Rezept: 1. Kochvorschrift – 2. Verordnung
verschmitzt: schlau, verschlagen
Heide: 1. Nichtchrist, Ungetaufter – 2. sandiges, unbebautes Land
Neandertaler: vorgeschichtlicher Mensch (nach dem Fundort Neandertal bei Düsseldorf)
eventuell: möglicherweise

7. Schreibe das Wort *Witz* mit seiner Wortfamilie auf.
Witz: Witzblatt, Witzblattfigur, Witzbold, Witzelei, witzeln, Witzfigur, witzig, Witzigkeit, witzlos, Witz sprühend, Witzwort

8. Suche das Wort *Tyrann*.

1. Welchen Artikel (Begleiter) hat es?
der
2. Wie heißen der Genitiv Singular (2. Fall Einzahl) und der Nominativ Plural (1. Fall Mehrzahl)?
des Tyrannen, die Tyrannen
3. Aus welcher Sprache stammt das Wort?
aus dem Griechischen
4. Was bedeutet es?
Gewaltherrscher, herrschsüchtiger Mensch
5. Markiere, ob der betonte Vokal kurz oder lang gesprochen wird.
Tyrạnn

Rechtschreibung — **Großschreibung**

Der Artikel als Signal (Teil 1)

Warum nur in aller Welt müssen deutsche Schüler die **Fledermausflügelsuppe** mit einem großen **F** schreiben?

Stöhnst du auch oft über dumme Fehler beim Groß- und Kleinschreiben? Mit nur **zwei Kontrollfragen** kannst du leicht viele Fehler vermeiden.

Die erste Frage lautet: Ist ein Artikel da? (der, die, das, ein[e])
Denn der Artikel als Begleiter des Nomens bereitet dich vor:
Mein Nomen kommt gleich. Schreibe es groß.
Beispiel: Auf *dem* Hof sah ich *die* Katze wieder.

 1. 1. Zeichne Pfeile vom Artikel zum dazugehörigen Nomen.
2. Schreibe dann die Erzählung in normaler Schrift ab.

DER KUCKUCK

ALS MANITU DIE WELT ERSCHAFFEN HATTE, BEKAMEN AUCH DIE VÖGEL VON IHM EINEN PLATZ ZUGEWIESEN. ALLE WAREN ZUFRIEDEN, NUR DER KUCKUCK NICHT. DIE PRÄRIE WAR IHM ZU WEITLÄUFIG. DER SUMPF WAR IHM ZU FEUCHT. AUF DEN FELDERN MOCHTE ER DEN MAIS NICHT. DIE UNZUFRIEDENHEIT DES KUCKUCKS MACHTE DEN SCHÖPFER ZORNIG UND ER SPRACH: „SUCH DIR SELBST DIE WOHNUNG, WELCHE DU WILLST!" SEIT DER ZEIT WANDERT DER KUCKUCK DURCH DIE WÄLDER UND IST IMMER NOCH AUF DER SUCHE NACH EINER HEIMAT. ER LEGT DIE EIER IN DIE NESTER DER ANDEREN VÖGEL.

Manchmal hat sich der Artikel versteckt, z.B. im Haus = in *dem* Haus. Nur ein Buchstabe, hier das m, verrät ihn.

 2. Wie heißt der versteckte Artikel?
Beispiel: ins (in das) Krankenhaus

vom Spiel – aufs Fahrrad – am Meer – übers Zeugnis –
zum Arzt – ins Schwimmbad – beim Friseur – am Morgen

Großschreibung

Rechtschreibung

Der Artikel als Signal (Teil 1)

1. 1. Zeichne Pfeile vom Artikel zum dazugehörigen Nomen.
2. Schreibe dann die Erzählung in normaler Schrift ab.

Der Kuckuck

Als Manitu die Welt erschaffen hatte, bekamen auch

die Vögel von ihm einen Platz zugewiesen. Alle waren zufrieden,

nur der Kuckuck nicht. Die Prärie war ihm zu weitläufig.

Der Sumpf war ihm zu feucht. Auf den Feldern mochte er den Mais nicht.

Die Unzufriedenheit des Kuckucks machte den Schöpfer zornig

und er sprach: „Such dir selbst die Wohnung, welche du willst!"

Seit der Zeit wandert der Kuckuck durch die Wälder und ist immer noch

auf der Suche nach einer Heimat. Er legt die Eier in die Nester

der anderen Vögel.

2. Wie heißt der versteckte Artikel?
vom (von dem) Spiel – aufs (auf das) Fahrrad – am (an dem) Meer –
übers (über das) Zeugnis – zum (zu dem) Arzt – ins (in das) Schwimmbad –
beim (bei dem) Friseur – am (an dem) Morgen

Rechtschreibung **Großschreibung**

Der Artikel als Signal (Teil 2)

Manchmal steht vor einem Nomen auch ein anderer Begleiter, wie *mein* Ball, *viele* Freunde, *dieses* Mädchen, *kein* Regen.
Stelle dann die zweite Kontrollfrage: *Könnte ein Artikel davor stehen?*
(*der* Ball, *die* Freunde, *das* Mädchen, *der* Regen)

1. Die verhexte Schreibmaschine

1. Schreibe den Text entschlüsselt ab. Mache in Klammern die Artikelprobe.
   Beispiel: Was war das? Dieses hcsuäreG – Geräusch (das Geräusch) – hatte ich noch nie gehört!

   Da – ein nettahcS vor meinem retsneF! Meine nretlE waren eingeladen. Und unsere nrabhcaN waren verreist. Kein hcsneM konnte mich hören! Viele neknadeG schossen mir durch den fpoK. Auf einmal hatte ich eine gnurälkrE!...

2. Suche eine Erklärung für das unheimliche Geräusch.

Oft fehlt der Begleiter (du hast Mut). Frage auch dann:
Könnte ein Artikel davor stehen? (*der* Mut)

2. Wörterschüssel.
Schreibe nur die Nomen mit ihrem Artikel heraus. Die Anfangsbuchstaben der Nomen ergeben – hintereinander gelesen – eine luftige Angelegenheit.

WÜRFELBECHER – FLEISSIG – TÄUSCHTEN – ORANGENSAFT
LICHTORGEL – DRAUSSEN – FERTIG – KIRSCHE – UM
ERLEBNIS – ENTSCHULDIGEN – BEIM – NUMMER
HERZLICH – STEINHART – KARTOFFELBREI
MIT – RICHTER – AN – ANGELSCHNUR
TANZ – ZEBRASTREIFEN – VIELE
ENTDECKER – REGENSCHIRM

3. Wörterversteck.
Zeichne waagerecht und senkrecht 20 große Rechenkästchen. Verstecke 20 Nomen und zehn andere Wörter waagerecht und senkrecht zwischen anderen Buchstaben. Schreibe alle Buchstaben groß. Deine Partnerin oder dein Partner soll deine Wörter finden und sie aufschreiben.

Beispiel: **Nomen:** Schule, Haus, Lohn, Hand, Blut, Aal, Kind, …
Andere Wörter: oft, im, weil, …

B	M	D	S	C	H	U	L	E	X	O	F	T	B	U	K	H	A	U	S
L	L	O	H	N	P	L	O	N	I	M	U	N	C	R	A	A	L	Ö	Q
U	W	E	I	L	L	G	V	X	Y	A	K	I	N	D	B	N	V	X	M
T																D			

Großschreibung

Rechtschreibung

Der Artikel als Signal (Teil 2)

1. Die verhexte Schreibmaschine

1. Schreibe den Text entschlüsselt ab. Mache in Klammern die Artikelprobe.

Was war das? Dieses Geräusch (das Geräusch) hatte ich noch nie gehört! Da – ein Schatten (der Schatten) vor meinem Fenster (das Fenster)! Meine Eltern (die Eltern) waren eingeladen. Und unsere Nachbarn (die Nachbarn) waren verreist. Kein Mensch (der Mensch) konnte mich hören! Viele Gedanken (die Gedanken) schossen mir durch den Kopf (der Kopf). Auf einmal hatte ich eine Erklärung (die Erklärung)! ...

2. Wörterschüssel

Schreibe nur die Nomen mit ihrem Artikel heraus.

der Würfelbecher – der Orangensaft – die Lichtorgel – die Kirsche – das Erlebnis – die Nummer – der Kartoffelbrei – der Richter – die Angelschnur – der Tanz – der Zebrastreifen – der Entdecker – der Regenschirm

Die Anfangsbuchstaben der Nomen ergeben – hintereinander gelesen – eine luftige Angelegenheit.

Das Lösungswort heißt: Wolkenkratzer.

Rechtschreibung **Großschreibung**

Der Artikel als Signal (Teil 3)

1. Wie heißen die beiden Kontrollfragen, die dir beim Großschreiben helfen?
   1. **Ist ein …?**   2. **Könnte …?**

2. Suche nur die Nomen mit ihren Artikeln heraus. Die Anfangsbuchstaben der Nomen ergeben etwas Unangenehmes.
   KOPFSCHMERZEN – LEISE – KAPUTT – RUHE – MEHR – AUFREGUNG – DRAUSSEN – NEUIGKEIT – KUMMER – SEHR – HUNGER – UNTER – ERLEBNIS – IDEE – IMMER – EINIGE – TRAUER

 3. Verdrehte Sprichwörter

   Lügen haben kurze Beine. Dann müssen ja alle Gummibärchen lügen!

   1. Wie heißen die Sprichwörter richtig? Schreibe sie in dein Heft und lasse dabei zwischen allen Zeilen eine Reihe für Ergänzungen frei.

Kinder und Narren	verderben den Brei.
Wer langsam geht,	hat Gold im Mund.
Der Apfel	kommt vor dem Fall.
Viele Köche	sagen die Wahrheit.
Morgenstund'	fällt nicht weit vom Stamm.
Hochmut	kommt auch ans Ziel.
Eine Schwalbe	muss fühlen.
Ohne Fleiß	– wie leicht bricht das.
Glück und Glas	kein Preis.
Keine Rosen	kehren gut.
Wer nicht hören will,	macht noch keinen Sommer.
Neue Besen	ohne Dornen.

   2. Schreibe über jedes Nomen den dazugehörigen Artikel. Unterstreiche den großen Anfangsbuchstaben.

   Beispiel: Lügen haben kurze Beine.

    3. Schildere deiner Partnerin oder deinem Partner mündlich eine Situation, zu der eines dieser Sprichwörter passt.

Großschreibung

Rechtschreibung

Der Artikel als Signal (Teil 3)

1. Wie heißen die beiden Kontrollfragen, die dir beim Großschreiben helfen?
   1. Ist ein Artikel da?
   2. Könnte ein Artikel davor stehen?

2. Suche nur die Nomen mit ihren Artikeln heraus. Die Anfangsbuchstaben der Nomen ergeben etwas Unangenehmes.
   die Kopfschmerzen – die Ruhe – die Aufregung – die Neuigkeit –
   der Kummer – der Hunger – das Erlebnis – die Idee – die Trauer
   Das Lösungswort heißt: Krankheit.

3. **Verdrehte Sprichwörter**

      die   die   die
   Kinder und Narren sagen die Wahrheit.

                                  das
   Wer langsam geht, kommt auch ans Ziel.

      der   der
   Der Apfel fällt nicht weit vom Stamm.

      die   der
   Viele Köche verderben den Brei.

   die   das   der
   Morgenstund' hat Gold im Mund.

   der   der
   Hochmut kommt vor dem Fall.

      die   der
   Eine Schwalbe macht noch keinen Sommer.

      der   der
   Ohne Fleiß kein Preis.

   das   das
   Glück und Glas – wie leicht bricht das.

      die   die
   Keine Rosen ohne Dornen.

   Wer nicht hören will, muss fühlen.

      die
   Neue Besen kehren gut.

Rechtschreibung — **Großschreibung**

Der Artikel als Signal (Teil 4)

 Oft kündigt ein Begleiter ein Nomen an. Manchmal haben sich aber zwischen den Begleiter und das dazugehörige Nomen Adjektive geschoben.
Sprich dir den passenden bestimmten Artikel mit seinem Nomen vor. Dann weißt du, welches Wort du großschreiben musst, z. B. mein neuer Lehrer (*der Lehrer*).

 1. Zeichne Pfeile vom Begleiter zum dazugehörigen Nomen.
Schreibe den bestimmten Artikel und sein Nomen dahinter.
Beispiel: Michael hat eine hässliche Hexe (*die Hexe*) gemalt.

Sie hat eine lange, krumme Nase (_____)

und ein spitzes Kinn (_____).

Auch an die struppigen Haare (_____),

den buckligen Rücken (_____)

und die knochigen Finger (_____) hat Michael gedacht.

 2. 1. Zeichne Pfeile vom Begleiter zum Nomen.
2. Schreibe den Text nun in normaler Schreibweise.

 DIE CHINESISCHEN NACHTIGALLEN

VOR DER ARMSELIGEN HÜTTE EINES CHINESISCHEN BAUERN HING

EIN HÖLZERNER VOGELKÄFIG. DARIN SAß EINE KLEINE NACHTIGALL.

MIT IHREN HERRLICHEN LIEDERN ERFREUTE SIE

DIE VORBEIKOMMENDEN ZUHÖRER. EINES SCHÖNEN TAGES FLOG

EINE ZWEITE NACHTIGALL VORBEI. SIE SETZTE SICH AUF

EINEN BLÜHENDEN ZWEIG UND BETRACHTETE

DIE GEFANGENE KAMERADIN. DIESE SPRACH ZU IHR:

„KOMM DOCH IN MEINEN GEMÜTLICHEN KÄFIG!

DU KANNST MIT MIR EIN BEQUEMES LEBEN FÜHREN.

DIE LECKERSTEN KÖRNCHEN WARTEN AUF DICH." DOCH

DIE ANDERE NACHTIGALL ERWIDERTE NUR: „DAS BESTE FRESSEN IST

NICHTS GEGEN MEINE KOSTBARE FREIHEIT." VERGNÜGT FLOG SIE DAVON.

Großschreibung

Rechtschreibung

Der Artikel als Signal (Teil 4)

1. Zeichne Pfeile vom Begleiter zum dazugehörigen Nomen.
Schreibe den bestimmten Artikel und sein Nomen dahinter.

Michael hat eine hässliche Hexe (die Hexe) gemalt.

Sie hat eine lange, krumme Nase (die Nase)

und ein spitzes Kinn (das Kinn).

Auch an die struppigen Haare (die Haare),

den buckligen Rücken (der Rücken)

und die knochigen Finger (die Finger) hat Michael gedacht.

2. 1. Zeichne Pfeile vom Begleiter zum Nomen.
2. Schreibe den Text nun in normaler Schreibweise.

Die chinesischen Nachtigallen

Vor der armseligen Hütte eines chinesischen Bauern hing

ein hölzerner Vogelkäfig. Darin saß eine kleine Nachtigall.

Mit ihren herrlichen Liedern erfreute sie

die vorbeikommenden Zuhörer. Eines schönen Tages flog

eine zweite Nachtigall vorbei. Sie setzte sich auf

einen blühenden Zweig und betrachtete

die gefangene Kameradin. Diese sprach zu ihr:

„Komm doch in meinen gemütlichen Käfig!

Du kannst mit mir ein bequemes Leben führen.

Die leckersten Körnchen warten auf dich." Doch

die andere Nachtigall erwiderte nur: „Das beste Fressen ist

nichts gegen meine kostbare Freiheit." Vergnügt flog sie davon.

Rechtschreibung

Großschreibung

Nomen auf -ung, -heit, -keit, -tum, -schaft und -nis

1. Bilde Nomen, indem du vor die folgenden Wörter den Artikel setzt und die Endungen **-schaft, -nis** oder **-tum** anhängst.
   Beispiel: irren – der Irrtum

   verwandt – geheim – reich – erlauben – finster – alt – wagen – gefangen – erleben – hindern

   **Manche Nomen erkennst du an bestimmten Nachsilben.
   Wörter mit den Endungen -ung, -heit, -keit, -tum, -nis, -schaft sind
   Nomen. Du schreibst sie natürlich groß.**

2. Suche möglichst viele Nomen mit den Endsilben **-ung, -heit** und **-keit**. Wer hat die meisten Wörter? Nur Nomen mit großem Anfangsbuchstaben zählen.
   Beispiel: Sendung, Freiheit, Menschlichkeit

3. In diesem kurzen Diktat sind sechs Fehler.
   1. Streiche die Fehler am Rand an.
   2. Schreibe dann den Text möglichst fehlerfrei ab.

Wie lebten die Menschen in der Vorgeschichte?
Die Menschen der Altsteinzeit (600 000 – 10 000 v. Chr.) lebten unter völlig anderen voraussetzungen als wir. Durch Knochenfunde und höhlenzeichnungen konnten allmählich viele Rätsel gelöst werden, die letzten geheimnisse werden wir vielleicht nie entdecken.
Wir wissen, dass sie Jäger waren und neben kleineren Tieren auch gefährlichere größere jagten. Niemals gelang eine Mammutjagd ohne geschicklichkeit und Mut. Außerdem war es gar nicht selten, dass die Jäger bei nasskaltem Wetter tagelang draußen warten mussten, bis auf einmal das Tier auftauchte und schließlich mit Holzspießen und Keulen erlegt werden konnte. Auch verletzungen der Jäger passierten nicht selten; ein Arzt stand nicht zur verfügung.

Großschreibung

Rechtschreibung

Nomen auf -ung, -heit, -keit, -tum, -schaft und -nis

1. Bilde Nomen, indem du vor die folgenden Wörter den Artikel setzt und die Endungen **-schaft, -nis** oder **-tum** anhängst.

die Verwandtschaft – das Geheimnis – der Reichtum – die Erlaubnis – die Finsternis – das Altertum – das Wagnis – die Gefangenschaft – das Erlebnis – das Hindernis

2. Suche möglichst viele Nomen mit den Endsilben **-ung, -heit** und **-keit**. Wer hat die meisten Wörter? Nur Nomen mit großem Anfangsbuchstaben zählen.

Nomen auf -ung
die Anstrengung – die Verachtung – die Vorbereitung – die Übung – die Verabredung – die Hoffnung – die Verletzung – die Sendung – die Ausbildung – die Leitung

Nomen auf -heit
die Faulheit – die Wahrheit – die Gesundheit – die Weisheit – die Dunkelheit – die Krankheit – die Freiheit

Nomen auf -keit
die Traurigkeit – die Genauigkeit – die Freundlichkeit – die Vollständigkeit – die Schnelligkeit – die Fröhlichkeit – die Menschlichkeit – die Persönlichkeit

3. In diesem kurzen Diktat sind sechs Fehler.
1. Streiche die Fehler am Rand an.
2. Schreibe dann den Text möglichst fehlerfrei ab.

Wie lebten die Menschen in der Vorgeschichte?

Die Menschen der Altsteinzeit (600 000 – 10 000 v. Chr.) lebten unter völlig anderen **Voraussetzungen** als wir. Durch Knochenfunde und **Höhlenzeichnungen** konnten allmählich viele Rätsel gelöst werden, die letzten **Geheimnisse** werden wir vielleicht nie entdecken.
Wir wissen, dass sie Jäger waren und neben kleineren Tieren auch gefährlichere größere jagten. Niemals gelang eine Mammutjagd ohne **Geschicklichkeit** und Mut. Außerdem war es gar nicht selten, dass die Jäger bei nasskaltem Wetter tagelang draußen warten mussten, bis auf einmal das Tier auftauchte und schließlich mit Holzspießen und Keulen erlegt werden konnte. Auch **Verletzungen** der Jäger passierten nicht selten; ein Arzt stand nicht zur **Verfügung**.

Rechtschreibung **Großschreibung**

Namen

> Auch vor Namen könnte ein Artikel stehen. Sie werden groß-
> geschrieben, z. B. (*der*) Gnork.

1. Du bist zu einer Party eingeladen, bei der du sehr interessanten Menschen vorgestellt wirst. Dies sind ihre Visitenkarten:

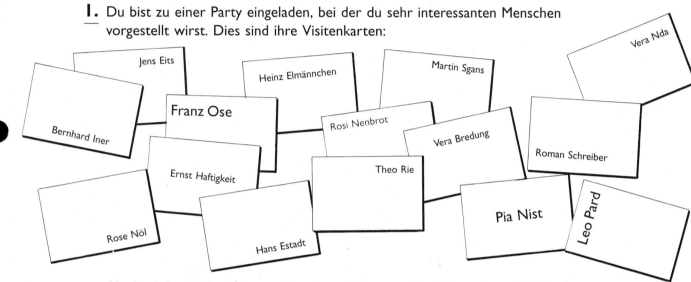

Als du dich mit den Gästen näher beschäftigst, stellst du fest, dass sich Nomen in den Namen verstecken.
Setze die Vor- und Nachnamen so zusammen, dass sich sinnvolle Nomen ergeben. Schreibe sie mit Artikel.
Beispiel: Theo Rie → die Theorie

2. Bei den folgenden Gästen sind in der Druckerei die Vor- und Nachnamen falsch zusammengesetzt worden.
Schreibe die zusammengehörigen Vor- und Nachnamen und die neu entstandenen Nomen mit ihrem Artikel.
Beispiel: Peter Silie – die Petersilie

Großschreibung

Namen

1. Setze die Vor- und Nachnamen so zusammen, dass sich sinnvolle Nomen ergeben. Schreibe sie mit Artikel.

Bernhard Iner:	der Bernhardiner
Rose Nöl:	das Rosenöl
Vera Bredung:	die Verabredung
Vera Nda:	die Veranda
Pia Nist:	der Pianist
Martin Sgans:	die Martinsgans
Leo Pard:	der Leopard
Roman Schreiber:	der Romanschreiber
Rosi Nenbrot:	das Rosinenbrot
Jens Eits:	das Jenseits
Ernst Haftigkeit:	die Ernsthaftigkeit
Hans Estadt:	die Hansestadt
Heinz Elmännchen:	das Heinzelmännchen
Franz Ose:	der Franzose

2. Bei den folgenden Gästen sind in der Druckerei die Vor- und Nachnamen falsch zusammengesetzt worden.
Schreibe die zusammengehörigen Vor- und Nachnamen und die neu entstandenen Nomen mit ihrem Artikel.

Peter Silie:	die Petersilie
Ellen Bogen:	der Ellenbogen
Marga Rine:	die Margarine
Mark Stück:	das Markstück
Heide Kraut:	das Heidekraut
Lotte Rie:	die Lotterie
Tom Ate:	die Tomate
Frank Reich:	das Land Frankreich
Jan Uar:	der Januar

Rechtschreibung **Großschreibung**

Verben

1. Welches Wort wird im zweiten Satz anders geschrieben?

Bevor die Schüler das Schulgebäude betreten, hören sie die neuesten Hits.
Vor dem Betreten des Schulgebäudes hören die Schüler die neuesten Hits.

Mache auch bei Verben die Artikelprobe. Du fragst: *Steht ein Artikel davor oder könnte einer davor stehen?* **Wenn ja, ist das Verb zum Nomen geworden, z. B.** *vor dem Betreten.* **Vor das Wort** *betreten* **im ersten Satz passt kein Artikel.**

2. Nomensuche. Zeichne Pfeile vom Artikel zum Nomen.

NACH DEM KLINGELN ERZÄHLT DER SCHULLEITER DIE NEUESTEN WITZE.

DAS MITBRINGEN DER LIEBSTEN HAUSTIERE IST ERWÜNSCHT.

DIE SCHÜLER SORGEN DAFÜR, DASS DIE TIERE NICHT DURCH

DAS SCHIMPFEN DES LEHRERS GESTÖRT WERDEN.

DAS HERUMRENNEN DER SCHÜLER IN DER KLASSE

IST NACH DEM VORZEIGEN DER HAUSAUFGABEN ERLAUBT.

Schreibe die Verben, aus denen Nomen geworden sind, mit ihrem Artikel heraus. Beispiel: das Klingeln

3. Geheimschrift

1. Entschlüssele den zweiten Teil der Schulordnung.
2. Schreibe alle zu Nomen gewordenen Verben mit ihrem Artikel heraus. Beispiel: das Sitzen

> RuhigesSit zenauf Stühlenist fürSch ülerung esundLau tesPfe ifenund Singenwäh rendder Unterrichtsstundewir dmit gutenNot eninM usikbel ohntDur chdas Kauenvon Kaugummihal tendie Schülerihr eMus kelnfit HäufigesRut schenauf denTre ppengel ändernund Fußbödenist erwünschtDam itwir ddenRei nigungsfrau engrü ndlichesPut zeners partZum Schlafenwäh renddes Unterrichtsste henvie leLie genber eit.

4. Ergänze eigene Vorschläge für die Schulordnung im lustigen Schulhaus.

Großschreibung
Verben

1. Welches Wort wird im zweiten Satz anders geschrieben?
Das Wort: Betreten.

2. Nomensuche. Zeichne Pfeile vom Artikel zum Nomen.

NACH DEM KLINGELN ERZÄHLT DER SCHULLEITER DIE NEUESTEN WITZE.
DAS MITBRINGEN DER LIEBSTEN HAUSTIERE IST ERWÜNSCHT.
DIE SCHÜLER SORGEN DAFÜR, DASS DIE TIERE NICHT DURCH
DAS SCHIMPFEN DES LEHRERS GESTÖRT WERDEN.
DAS HERUMRENNEN DER SCHÜLER IN DER KLASSE IST NACH
DEM VORZEIGEN DER HAUSAUFGABEN ERLAUBT.

Schreibe die Verben, aus denen Nomen geworden sind, mit ihrem Artikel heraus.
das Klingeln, das Mitbringen, das Schimpfen, das Herumrennen, das Vorzeigen

3. Geheimschrift

1. Entschlüssele den zweiten Teil der Schulordnung.
2. Schreibe alle zu Nomen gewordenen Verben mit ihrem Artikel heraus.

Ruhiges Sitzen auf Stühlen ist für Schüler ungesund. Lautes Pfeifen und Singen während der Unterrichtsstunde wird mit guten Noten in Musik belohnt. Durch das Kauen von Kaugummi halten die Schüler ihre Muskeln fit. Häufiges Rutschen auf den Treppengeländern und Fußböden ist erwünscht. Damit wird den Reinigungsfrauen gründliches Putzen erspart. Zum Schlafen während des Unterrichts stehen viele Liegen bereit.

das Sitzen, das Pfeifen, das Singen, das Kauen, das Rutschen,
das Putzen, das Schlafen

Rechtschreibung **Großschreibung**

Adjektive

  Mache auch bei Adjektiven die Artikelprobe. Du fragst: *Steht ein Artikel davor oder könnte einer davorstehen?* Wenn ja, ist das Adjektiv zum Nomen geworden, z. B. *das Neueste aus dem Weltraum.*

1. **Nomensuche.** Zeichne Pfeile vom Artikel zum Nomen.
   Achtung: Manchmal hat sich der Artikel versteckt, z. B. im = in dem

   DER ABEND NAHT. GNORK SCHWEBT ÜBER
   EINE WUNDERSCHÖNE LANDSCHAFT HINWEG. DAS SCHÖNSTE
   IST FÜR IHN DER SONNENUNTERGANG. VOM GRÜN DER WIESEN,
   VOM BLAU DER SEEN UND VOM GELB DER FELDER KANN ER IN
   DER DÄMMERUNG NUR WENIG ERKENNEN.
   IM DUNKELN GELANGT ER ZU EINER GRÖßEREN STADT. ABER
   DIE DICHTE DER HÄUSER GEFÄLLT DEM AUßERIRDISCHEN NICHT.

2. Seine weiteren Erlebnisse gibt Gnork abends in den Computer ein. Doch der Computer spielt verrückt, und das nicht nur einmal!

   1. Korrigiere den Text, indem du ihn richtig abschreibst. Achte besonders auf die Adjektive.
   2. Unterstreiche in deinem Text alle Adjektive, die zu Nomen geworden sind, z. B. das Rot.

Plötzlich Erblickte Ich Auf Einem Friedhof Das Rote Licht Der Grablaternen. Das Rot Der Lichter Sah Unter Dem Schwarz Der Hohen Bäume Unheimlich Aus. Doch Das Unheimlichste Stand Mir Noch Bevor: Eine Kleine Gestalt Verschwand Neben Einem Grabstein Im Innern Eines Grabes. Ich Konnte Nicht Anders: Neugierig Schwebte Ich Hinunter Und Stieg Dem Kleinen Nach.

dabei gelangte ich in einen engen gang, die enge machte mir angst. plötzlich stieß ich gegen einen harten gegenstand. das harte war ein sarg. auf dem sargdeckel hockte ein seltsames wesen. der seltsame starrte mich lauernd an.

dAS wEIß DER rAFFZÄHNE UND DAS dUNKLE DER aUGENHÖHLEN WIRKTEN BEDROHLICH UND FREMD. iCH STELLTE MICH VOR: „iCH BIN gNORK, DER aUßERIRDISCHE. uND WER BIST DU?" „iCH BIN bLUTUS, DER fREUNDLICHE", ERWIDERTE DER fREMDE. „iCH BIN EIN vAMPIR UND SAUGE BÖSEN mENSCHEN DAS gIFT AUS DER gALLE. eINEM AUßERIRDISCHEN gAST TUE ICH NICHTS."

Großschreibung
Adjektive

Rechtschreibung

1. **Nomensuche.** Zeichne Pfeile vom Artikel zum Nomen.

   DER ABEND NAHT. GNORK SCHWEBT ÜBER EINE WUNDERSCHÖNE LANDSCHAFT HINWEG. DAS SCHÖNSTE IST FÜR IHN DER SONNENUNTERGANG. VOM GRÜN DER WIESEN, VOM BLAU DER SEEN UND VOM GELB DER FELDER KANN ER IN DER DÄMMERUNG NUR WENIG ERKENNEN. IM DUNKELN GELANGT ER ZU EINER GRÖSSEREN STADT. ABER DIE DICHTE DER HÄUSER GEFÄLLT DEM AUSSERIRDISCHEN NICHT.

2. Seine weiteren Erlebnisse gibt Gnork abends in den Computer ein. Doch der Computer spielt verrückt, und das nicht nur einmal!
   1. Korrigiere den Text, indem du ihn richtig abschreibst. Achte besonders auf die Adjektive.
   2. Unterstreiche in deinem Text alle Adjektive, die zu Nomen geworden sind.

   Plötzlich erblickte ich auf einem Friedhof das rote Licht der Grablaternen. Das <u>Rot</u> der Lichter sah unter dem <u>Schwarz</u> der hohen Bäume unheimlich aus. Doch das <u>Unheimlichste</u> stand mir noch bevor: Eine kleine Gestalt verschwand neben einem Grabstein im <u>Innern</u> eines Grabes. Ich konnte nicht anders: Neugierig schwebte ich hinunter und stieg dem <u>Kleinen</u> nach.

   Dabei gelangte ich in einen engen Gang, die <u>Enge</u> machte mir Angst. Plötzlich stieß ich gegen einen harten Gegenstand. Das <u>Harte</u> war ein Sarg. Auf dem Sargdeckel hockte ein seltsames Wesen. Der <u>Seltsame</u> starrte mich lauernd an.

   Das <u>Weiß</u> der Raffzähne und das <u>Dunkle</u> der Augenhöhlen wirkten bedrohlich und fremd. Ich stellte mich vor: „Ich bin Gnork, der <u>Außerirdische</u>. Und wer bist du?" „Ich bin Blutus, der <u>Freundliche</u>", erwiderte der <u>Fremde</u>. „Ich bin ein Vampir und sauge bösen Menschen das Gift aus der Galle. Einem außerirdischen Gast tue ich nichts."

Rechtschreibung — **Großschreibung**

Anredepronomen

Schreibe das Anredepronomen klein, wenn du jemanden mit „du" anredest.
Beispiel: Wie geht es *dir*? Wie geht es *euch*?
Schreibe es jedoch immer groß, wenn du jemanden siezt.
Beispiel: Wie geht es *Ihnen*? Haben *Sie* noch Schmerzen?

1. Birgit schreibt nach ihrem Umzug von Köln nach Frankfurt ihrer Freundin Stefanie eine Ansichtskarte.

    1. Schreibe die Karte mit den richtig geschriebenen Anredepronomen ab.

   > Frankfurt, den 8. September 2001
   > Hallo, Stefanie,
   > es gefällt mir gut in Frankfurt. Aber ich denke doch oft an (dich) und die anderen Freunde zurück. Meine neue Schule ist ganz anders als (eure). Habt (ihr) schon (eure) Klassenfahrt gemacht?
   > Willst (du) mich nicht in den Herbstferien besuchen? Hoffentlich erlauben es (dir) (deine) Eltern!
   > Viele Grüße   (deine) Birgit

2. Lehrer Heidmann spricht in seinem Brief immer wieder die Eltern seiner Schülerin Petra an. Aber Vorsicht: Nicht jedes eingeklammerte Wort ist eine Anrede.
    Beispiel: Ich möchte *Ihnen* mitteilen, dass *Ihre* Tochter *ihre* Schultasche im Bus liegen gelassen hat.

    1. Schreibe den Brief mit den richtig geschriebenen Anredepronomen ab.
    2. Unterstreiche sie in deinem Text. Wie viele gibt es?

   > Hamburg, den 2. Juni 2002
   >
   > Sehr geehrte Frau Schneider, sehr geehrter Herr Schneider,
   >
   > leider muss ich (ihnen) mitteilen, dass (ihre) Tochter Petra in der vergangenen Woche jeden Tag zu spät in den Unterricht gekommen ist. Als Entschuldigung gab (sie) an, zu spät von (ihnen) geweckt worden zu sein. Bitte achten (sie) mit darauf, dass Petra (ihren) Bus pünktlich erreichen kann.
   > Außerdem erledigt (sie) (ihre) Hausaufgaben sehr unzuverlässig. Darunter leiden bereits (ihre) Zensuren.
   > Zu einem weiteren Gespräch mit (ihnen) in meiner Sprechstunde bin ich gerne bereit.
   >
   > Mit freundlichen Grüßen
   > Heidmann
   > Klassenlehrer

Großschreibung

Anredepronomen

1. Schreibe den Brief mit den richtig geschriebenen Anredepronomen ab.

Frankfurt, den 8. September 2001

Hallo Stefanie,

es gefällt mir gut in Frankfurt. Aber ich denke doch oft an dich und die anderen Freunde zurück. Meine neue Schule ist ganz anders als eure. Habt ihr schon eure Klassenfahrt gemacht? Willst du mich nicht in den Herbstferien besuchen? Hoffentlich erlauben es dir deine Eltern!

Viele Grüße

deine Birgit

2. 1. Schreibe den Brief mit den richtig geschriebenen Anredepronomen ab.

2. Unterstreiche sie in deinem Text. Wie viele gibt es?

Der Brief enthält fünf Anredepronomen.

Hamburg, den 2. Juni 2002

Sehr geehrte Frau Schneider,
sehr geehrter Herr Schneider,

leider muss ich **Ihnen** mitteilen, dass **Ihre** Tochter Petra in der vergangenen Woche jeden Tag zu spät in den Unterricht gekommen ist. Als Entschuldigung gab sie an, zu spät von **Ihnen** geweckt worden zu sein. Bitte achten **Sie** mit darauf, dass Petra ihren Bus in Zukunft pünktlich erreichen kann.
Außerdem erledigt sie ihre Hausaufgaben sehr unzuverlässig. Darunter leiden bereits ihre Zensuren.
Zu einem weiteren Gespräch mit **Ihnen** in meiner Sprechstunde bin ich gerne bereit.

Mit freundlichen Grüßen

Heidmann
Klassenlehrer

Rechtschreibung **Zusammenschreibung**

Nomen (Teil 1)

1. Löse die Bilderrätsel. Beispiel:

See + Hund = Seehund

 Zusammengesetzte Nomen schreibst du zusammen und am Anfang groß.

 2. **Wer findet die längste Wörterkette?**
   Fange zum Beispiel so an: Kindergarten – Gartenhaus – Haus…
   Es zählen nur die Wörter, die du zusammen- und großgeschrieben hast.

3. Du lernst jetzt eine Fabrik kennen. Sie stellt aus mehreren einzelnen Wörtern zusammengesetzte Nomen her. Du hilfst zuerst in der **Abteilung A** aus. Hier werden verschiedene **Nomen** zu **zusammengesetzten Nomen** verarbeitet.
   Nomen + Nomen = ein zusammengesetztes Nomen
   Beispiel: Mist + Haufen = Misthaufen
   Bilde möglichst viele zusammengesetzte Nomen. Achte auf die richtige Schreibweise. Beispiel: Autoatlas

   Auto – Kassette – Verkehr – Atlas – Geschäft – Last – Auge – Ferien – Englisch – Blick – Rekorder – Stunde – Musik – Wagen – Lager – Jugend

Zusammenschreibung
Rechtschreibung

Nomen (Teil 1)

1. Löse die Bilderrätsel.

1. Apfel + Baum = Apfelbaum
2. Haus + Tür = Haustür
3. Hand + Schuh = Handschuh
4. Schiff + s + Glocke = Schiffsglocke

3. Bilde möglichst viele zusammengesetzte Nomen.
Achte auf die richtige Schreibweise.

Möglichkeiten:
Autoatlas – Autoverkehr – Kassettenrekorder – Musikgeschäft – Geschäftsverkehr – Geschäftswagen – Lastwagen – Augenblick – Ferienlager – Englischstunde – Jugendlager – Englischkassette

Rechtschreibung

Nomen (Teil 2)

Zusammenschreibung

Du kennst dich nun mit der Mischung von Nomen gut aus.

1. Jetzt wechselst du in die **Abteilung B**. Auch hier gilt wie in der gesamten Fabrik:

Zusammengesetzte Nomen schreibst du zusammen und am Anfang groß.

■ ■

In der **Abteilung B** musst du etwas anderes mischen:

Verb (Tätigkeitswort) **+ Nomen = ein** zusammengesetztes **Nomen**
Das Verb muss dabei etwas verkürzt werden.
Beispiel: trinken + Flasche = Trinkflasche

Füge nun wie im Beispiel die Verben mit passenden Nomen zusammen. Manchmal gibt es mehrere Möglichkeiten. Unterstreiche den großen Anfangsbuchstaben.

Verben: fernsehen – tanken – tragen – liefern – spülen – kauen – singen – schauen – überholen – spielen – fahren – kochen – schwimmen – lesen

Nomen: Bad – Zeug – Maschine – Stelle – Spur – Vogel – Termin – Gummi – Fenster – Buch – Apparat – Tasche – Bahn – Rezept

2. In der dritten Abteilung, der **Abteilung C**, werden ebenfalls **zusammengesetzte Nomen** hergestellt, aber die Zutaten unterscheiden sich von den Abteilungen A und B. Ihre Mischung sieht so aus:

Adjektiv (Eigenschaftswort) **+ Nomen = ein** zusammengesetztes **Nomen**
Beispiel: voll + Mond = Vollmond

Bilde nun wie im Beispiel aus den Adjektiven und Nomen zusammengesetzte Nomen. Schreibe sie groß und zusammen.

Adjektive: schwarz – rot – blau – heiß – hoch – spitz – früh – weiß – klein – dick – trocken – tief – kurz – weit – faul – laut – schwach – stark

Nomen: Kohl – Strom – Kehlchen – Genuss – Maus – Schicht – Kopf – Rasierer – Stärke – Arbeit – Sprung – Sinn – Meise – Luft – Stadt – Fahrer – Flieger – Pelz – Druck

Zusammenschreibung
Nomen (Teil 2)

Rechtschreibung

1. Füge nun wie im Beispiel die Verben mit passenden Nomen zusammen. Manchmal gibt es mehrere Möglichkeiten. Unterstreiche den großen Anfangsbuchstaben.

Möglichkeiten:
<u>F</u>ernsehapparat – <u>T</u>ankstelle – <u>T</u>ragetasche – <u>L</u>iefertermin – <u>S</u>pülmaschine – <u>K</u>augummi – <u>S</u>ingvogel – <u>S</u>chaufenster – <u>Ü</u>berholspur – <u>S</u>pielzeug – <u>F</u>ahrbahn – <u>K</u>ochrezept – <u>S</u>chwimmbad – <u>L</u>esebuch

2. Bilde nun wie im Beispiel aus den Adjektiven und Nomen zusammengesetzte Nomen. Schreibe sie groß und zusammen.

Möglichkeiten:
Schwarzfahrer – Rotkehlchen – Blaumeise – Heißluft – Hochdruck – Hochgenuss – Spitzmaus – Frühschicht – Weißkohl – Kleinstadt – Dickkopf – Trockenrasierer – Tiefflieger – Kurzarbeit – Weitsprung – Faulpelz – Lautstärke – Schwachsinn – Starkstrom

Rechtschreibung

Zusammenschreibung

Adjektive

Immer *hundemüde*? – *Putzmunter* durch **I m m e r f i t !**

Du kannst ein Adjektiv (Eigenschaftswort) mit einem Nomen (Hauptwort) zu *einem* Wort zusammensetzen. Das Adjektiv wird durch den Vergleich genauer beschrieben. Beispiel: Hund + müde = *hundemüde* (müde wie ein Hund).
Auch zusammengesetzte Adjektive werden wie alle Adjektive *klein*geschrieben.

1. Mixe die Nomen aus der linken Flasche mit Adjektiven aus der rechten. Manchmal musst du die Endung des Nomens etwas verändern. Streiche die verwendeten Formen.
   Beispiel: Zitrone + gelb = zitronengelb

2. Erfinde nun selbst mit den Wörtern aus den beiden Flaschen witzige oder unsinnige zusammengesetzte Adjektive, die es bisher in unserer Sprache nicht gibt.
   Beispiel: sonnenrund
   Lies sie deinem Partner vor.

© Ernst Klett Verlag GmbH, Stuttgart 1995.
Von dieser Druckvorlage ist die Vervielfältigung für den eigenen Unterrichtsgebrauch gestattet.
Die Kopiergebühren sind abgegolten.

Kopiervorlage

Zusammenschreibung
Adjektive

1. Mixe die Nomen aus der linken Flasche mit Adjektiven aus der rechten.
Manchmal musst du die Endung des Nomens etwas verändern.

sonnenklar, sonnengelb, feuerrot, steinhart, honigsüß, kugelrund, bienenfleißig, rabenschwarz, naturrein, stocksteif, arbeitsscheu, mäuschenstill, butterweich, eiskalt, blitzblank, blitzschnell, knochenhart, knochentrocken, hundemüde, todmüde, mausgrau, federleicht, himmelblau, pudelnass, strohdumm, bildschön, knüppelhart, knüppeldick, reiselustig, moosgrün, sonnenhungrig, leichenblass, bärenstark, kerzengerade, todkrank, glasklar

Rechtschreibung # Gleiche und ähnliche Laute

b oder p? (Teil 1)

Gnork ist aus Versehen in einem Forschungszentrum eingeschlossen worden. Die Türen können nur mit Hilfe eines Kodes geöffnet werden. Dieser ergibt sich aus der Anzahl:

1. der Wörter mit **b** am Silbenende,
2. der Wörter mit **p** am Silbenende.

Die beiden Zahlen müssen hintereinander eingegeben werden.
Beispiel: Du findest zwölf Wörter mit **b** und fünf mit **p**. Dann musst du die Zahlenkombination 1-2-5 eingeben.

Gnork fällt es schon bei *lieb* und *hupt* schwer einen Unterschied zu hören. Hilf ihm dabei freizukommen.

Hilf dir mit der Peteka-Probe (p-t-k): Mache den Signalbuchstaben p oder b hörbar. Du hörst ihn, wenn du das Wort verlängerst. Dann kannst du b und p unterscheiden. Es hängt vom Wort ab, wie du am besten vorgehst:

1. Bilde den Infinitiv (Grundform):   sie hupt (hupen)
2. Bilde den Plural (Mehrzahl):   Korb (Körbe)
3. Steigere: lieb (lieber)
4. Suche ein verwandtes Wort: siebzig (sieben)

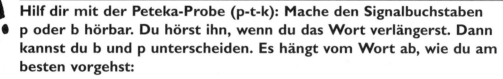

1. Lege eine Tabelle nach folgendem Muster an.

b am Silbenende	p am Silbenende

Ordne die folgenden Wörter nach **b** und **p** ein.
Schreibe die Wortverwandten in Klammern dahinter.
Beispiel: lieb (lieber) – er hupt (hupen)

er ü_t, Kal_, Tra_rennbahn, We_rahmen, gel_, tau_,

er pie_t, Schrei_weise, sie blei_t, er rei_t,

Schrau_verschluss, Brotlai_, Er_schaft, es schwe_t,

Rau_überfall, unglau_lich, lie_los, die Grille zir_t,

Kle_stoff, plum_, Lo_, sel_st, Trei_haus, Wei_, Gra_,

er ga_, zerlum_t, das Pferd schnau_t

2. Anzahl der Wörter mit **b** am Silbenende: _____
Anzahl der Wörter mit **p** am Silbenende: _____
Die Kodezahl lautet: _ _ _

Gleiche und ähnliche Laute

b oder p? (Teil 1)

Rechtschreibung

1. Lege eine Tabelle nach folgendem Muster an.

   Ordne die folgenden Wörter nach **b** und **p** ein. Schreibe die Wortverwandten in Klammern dahinter.

b am Silbenende	p am Silbenende
er übt (üben)	er piept (piepen)
Kalb (Kälber)	die Grille zirpt (zirpen)
Trabrennbahn (traben)	plump (plumper)
Webrahmen (weben)	zerlumpt (Lumpen)
gelb (gelber)	
taub (tauber)	
Schreibweise (schreiben)	
sie bleibt (bleiben)	
er reibt (reiben)	
Schraubverschluss (schrauben)	
Brotlaib (Brotlaibe)	
Erbschaft (erben)	
es schwebt (schweben)	
Raubüberfall (rauben)	
unglaublich (glauben)	
lieblos (lieben)	
Klebstoff (kleben)	
Lob (loben)	
selbst (selber)	
Treibhaus (treiben)	
Weib (Weiber)	
Grab (Gräber, graben)	
er gab (geben)	
das Pferd schnaubt (schnauben)	

2. Anzahl der Wörter mit **b** am Silbenende: 24
   Anzahl der Wörter mit **p** am Silbenende: 4
   Die Kodezahl lautet: 244

Rechtschreibung

Gleiche und ähnliche Laute

b oder p? (Teil 2)

Bei einigen Wörtern hilft es nicht sie zu verlängern. Du musst sie dir einprägen.

Wörter mit b: Herbst – Erbse – Obst – obgleich – hübsch – Publikum – Abt – Knoblauch – Lebkuchen

Wörter mit p: September – knipsen – Stöpsel – Gips – Klempner – Optiker – Schlips – Rezept – Papst – knusprig – Haupt

 Rätsel (ä, ö, ü = 1 Buchstabe)
Verwende die Wörter aus dem Tipp. Die umrandeten Kästchen ergeben etwas, was Kinder manchmal nicht schlafen lässt.

1. Ein gebrochener Arm kommt in …
2. Jahreszeit
3. gut aussehend
4. Oberhaupt der katholischen Kirche
5. fotografieren
6. Installateur
7. Ein frisches Brötchen ist …
8. Früchte
9. Anleitung zum Kochen
10. Hülsenfrucht
11. ein anderes Wort für *obwohl*
12. Brillenverkäufer
13. Verschluss des Waschbeckens
14. Weihnachtsgebäck
15. Krawatte
16. Zuschauer bei einer Vorstellung
17. Vampirschreck
18. Kopf
19. Leiter eines Klosters
20. Monat

Gleiche und ähnliche Laute

b oder p? (Teil 2)

Rechtschreibung

Rätsel

1. Ein gebrochener Arm kommt in …
2. Jahreszeit
3. gut aussehend
4. Oberhaupt der katholischen Kirche
5. fotografieren
6. Installateur
7. Ein frisches Brötchen ist …
8. Früchte
9. Anleitung zum Kochen
10. Hülsenfrucht
11. ein anderes Wort für *obwohl*
12. Brillenverkäufer
13. Verschluss des Waschbeckens
14. Weihnachtsgebäck
15. Krawatte
16. Zuschauer bei einer Vorstellung
17. Vampirschreck
18. Kopf
19. Leiter eines Klosters
20. Monat

1. GIPS
2. HERBST
3. HÜBSCH
4. PAPST
5. KNIPSEN
6. KLEMPNER
7. KNUSPRIG
8. OBST
9. REZEPT
10. ERBSE
11. OBGLEICH
12. OPTIKER
13. STÖPSEL
14. LEBKUCHEN
15. SCHLIPS
16. PUBLIKUM
17. KNOBLAUCH
18. HAUPT
19. ABT
20. SEPTEMBER

Das Lösungswort heißt: Gespenstergeschichte.

Rechtschreibung

d oder t?

"Fischers Fritze fischte frische Fische" habe ich schon gelernt. Jetzt probiere ich dauernd „Blaukraut bleibt Blaukraut und Brautkleid bleibt Brautkleid."

Gleiche und ähnliche Laute

1. Schaffst du diese Zungenbrecher fehlerfrei?

> Bei *Kraut* und *Kleid* klingen d und t am Wortende wie t. Hilf dir beim Schreiben mit der Peteka-Probe (p-t-k): Wenn du den Signalbuchstaben t am Ende einer Silbe hörst, musst du das Wort verlängern oder ein verwandtes Wort suchen. Dann hörst du den Endbuchstaben genau. Beispiel: Kind (Kinder), Hut (Hüte)

2. Vervollständige die Wörter. Schreibe die Verlängerungen oder Wortverwandten in Klammern dahinter.

1. Er rie**t** (ra**t**en). Es wir_ hell. Sie lu_ ihn ein.
2. Ba**d** (Bä**d**er), Hem_, Hef_, Stran_, Wan_, Las_, Bran_
3. kal**t** (käl**t**er), wüten_, fes_, blö_, zar_, spannen_
4. Lan**d**schaft (Län**d**er), Lau_stärke, Ras_platz, mu_los

3. Gnork will einige Wörter, die ein **d** oder **t** am Silbenende haben, in seinen Übersetzungscomputer eingeben. Aber er ist hilflos, denn er kennt die Rechtschreibung nicht. Kannst du ihm die Wörter vorsortieren? Lege dazu eine Tabelle an. Ergänze die Wortverwandten in Klammern.

d am Silbenende	t am Silbenende
Kleid (Kleider)	hart (härter)

Gedul_, Wor_, Mach_, Nei_, Han_schuh, er ba_, har_, aben_lich, Wir_, berei_, Bran_ursache, sie tra_, frem_, Schal_hebel, wer_voll, Wal_sterben, lachen_, Lei_, er verschwan_, er rie_, Rei_stiefel, Wei_blick, er stan_

Kopiervorlage **19** **R**

Gleiche und ähnliche Laute

Rechtschreibung

d oder t?

2. Vervollständige die Wörter. Schreibe die Verlängerungen oder Wortverwandten in Klammern dahinter.

1. Es wird (werden) hell. Sie lud (einladen) ihn ein.

2. Hemd (Hemden), Heft (Hefte), Strand (Strände), Wand (Wände), Last (Lasten), Brand (Brände)

3. wütend (wütender), fest (fester), blöd (blöder), zart (zarter), spannend (spannender)

4. Lautstärke (lauter), Rastplatz (rasten), mutlos (mutig)

3. Gnork will einige Wörter, die ein **d** oder **t** am Silbenende haben, in seinen Übersetzungscomputer eingeben. Aber er ist hilflos, denn er kennt die Rechtschreibung nicht. Kannst du ihm die Wörter vorsortieren? Lege dazu eine Tabelle an. Ergänze die Wortverwandten in Klammern.

d am Silbenende	t am Silbenende
Geduld (geduldig)	Wort (Wörter)
Neid (neidisch)	Macht (mächtig)
Handschuh (Hände)	er bat (sie baten)
abendlich (Abende)	hart (härter)
Brandursache (Brände)	Wirt (Wirte)
fremd (fremder)	bereit (bereiten)
Waldsterben (Wälder)	sie trat (sie traten)
lachend (lachende)	Schalthebel (schalten)
Leid (leiden)	wertvoll (Werte)
er verschwand (verschwinden)	er riet (raten)
er stand (sie standen)	Reitstiefel (reiten)
	Weitblick (Weite)

Rechtschreibung

end- oder ent-?

Warum nur schreibe ich endlich mit d und entgegen mit t?

Gleiche und ähnliche Laute

> **!** Du fragst: Hat das Wort etwas mit *Ende* zu tun? Wenn ja, schreibst du *end-*, z.B. *endlich*. Wenn nein, schreibst du *ent-*, z.B. *entgegen*.

1. Prüfe bei jedem Wort, ob es einen Zusammenhang mit *Ende* gibt. Dann findet sich die Schreibweise sofort.

1. ____los, ____kampf, ____ergebnis, un____lich
2. ____setzlich, ____lang, ____schädigung, ____stehen

2. Zeichne zwei Sonnen mit je acht Strahlen.

(END) *losigkeit*   (ENT) *zündung*

Ergänze die folgenden unvollständigen Wörter auf der richtigen Sonne.
____zündung, ____losigkeit, ____ausscheidung, ____schuldigung, ____abrechnung, ____wicklung, ____zwei, ____ziel, ____kommen, ____silbe, ____gültig, ____lassung, ____weder, ____laufen, ____runde, ____spurt

3. Schreibe die unvollständigen Wörter mit der richtigen Schreibweise heraus.
Beispiel: 1. entfernt

Seit drei Jahren spiele ich zweimal in der Woche Tennis. Der Tennisplatz liegt nur zehn Minuten von unserer Wohnung ____fernt (1), gleich an der ____haltestelle (2) unseres Busses. Zuerst konnte ich un____geltlich (3) an einem Förderprogramm teilnehmen. Vor einem Jahr habe ich mich ____schlossen (4) regelmäßig Trainerstunden zu nehmen. Seit diesem Jahr bin ich ____lich (5) auch Mitglied der Juniorenmannschaft. Der Spaß an den Spielen ____schädigt (6) uns für den Einsatz. Die Hitze ist nämlich im Sommer manchmal ____setzlich (7). Am nächsten Sonntag ist das ____spiel (8) gegen den Tennisverein Neustadt. Hoffentlich bin ich nicht nervös und kann ____spannt (9) und ____krampft (10) spielen. Aber ich werde auch mit einer ____täuschung (11) über ein schlechtes ____ergebnis (12) fertig!

Gleiche und ähnliche Laute

Rechtschreibung

end- oder ent-?

1. Prüfe bei jedem Wort, ob es einen Zusammenhang mit *Ende* gibt.

  1. endlos, Endkampf, Endergebnis, unendlich
  2. entsetzlich, entlang, Entschädigung, entstehen

2. Ergänze die folgenden unvollständigen Wörter auf der richtigen Sonne.

  1. **Sonne (END):** Endlosigkeit, Endausscheidung, Endabrechnung, Endziel, Endsilbe, endgültig, Endrunde, Endspurt

  2. **Sonne (ENT):** Entzündung, Entschuldigung, Entwicklung, entzwei, entkommen, Entlassung, entweder, entlaufen

3. Schreibe die unvollständigen Wörter mit der richtigen Schreibweise heraus.

  1. entfernt
  2. Endhaltestelle
  3. unentgeltlich
  4. entschlossen
  5. endlich
  6. entschädigt
  7. entsetzlich
  8. Endspiel
  9. entspannt
  10. entkrampft
  11. Enttäuschung
  12. Endergebnis

Rechtschreibung

Gleiche und ähnliche Laute

seid oder seit?

> Leider klappt die Peteka-Probe (Verlängerungsprobe) bei den Wörtern *seid* und *seit* nicht. Aber sicher hilft dir die unterschiedliche Bedeutung. *Seid ruhiger!*: Vor *seid* kannst du *ihr* setzen.
> *Seit gestern bin ich krank*: *Seit* gehört zu einer *Zeitangabe*. Du fragst danach: Wie lange?

1. Schreibe den vollständigen Text.

1. Ihr sei__ nett. Sei__ ihr gut ausgeschlafen? Sicher sei__ ihr überrascht. Sei__ ihr zu Hause? Sei__ pünktlich!
2. sei__ zwei Jahren, sei__ heute, sei__dem, sei__ vielen Wochen, sei__ meiner Geburt, sei__ seinem Tod

2. In Michaels Brief sind sechs Rechtschreibfehler.
1. Unterstreiche die falsch geschriebenen Wörter.
2. Schreibe den Brief möglichst fehlerlos ab.

München, den 13.5.2002

Liebe Tante Susanne,
lieber Onkel Helmut,

wir haben lange nichts von euch gehört und seid einem Jahr seit ihr nicht mehr bei uns gewesen. Ihr seid uns doch nicht böse, dass wir Onkel Walters Geburtstag vergessen haben? Wir sind seid einiger Zeit sehr vergesslich geworden.
Seit ihr denn alle gesund? Wir sind seit zwei Wochen stolze Besitzer einer kleinen Katze. Seiddem haben wir keine Mäuse mehr im Garten. Seit ihr vielleicht auch einmal an Katzenbabys interessiert?

Seid ganz herzlich gegrüßt von
eurem Michael

Gleiche und ähnliche Laute

Rechtschreibung

seid oder seit?

1. Schreibe den vollständigen Text.

1. Ihr seid nett. Seid ihr gut ausgeschlafen? Sicher seid ihr überrascht. Seid ihr zu Hause? Seid pünktlich!
2. seit zwei Jahren, seit heute, seitdem, seit vielen Wochen, seit meiner Geburt, seit seinem Tod

2. In Michaels Brief sind sechs Rechtschreibfehler.

1. Unterstreiche die falsch geschriebenen Wörter.
2. Schreibe den Brief möglichst fehlerlos ab.

München, den 13.5.2002

Liebe Tante Susanne, lieber Onkel Helmut,

wir haben lange nichts von euch gehört und **seit** einem Jahr **seid** ihr nicht mehr bei uns gewesen. Ihr seid uns doch nicht böse, dass wir Onkel Walters Geburtstag vergessen haben? Wir sind **seit** einiger Zeit sehr vergesslich geworden.
Seid ihr denn alle gesund? Wir sind seit zwei Wochen stolze Besitzer einer kleinen Katze. **Seitdem** haben wir keine Mäuse mehr im Garten. **Seid** ihr vielleicht auch einmal an Katzenbabys interessiert?

Seid ganz herzlich gegrüßt von
eurem Michael

Rechtschreibung

Gleiche und ähnliche Laute

g oder k?

Woher weiß ich denn, ob ein Vogel *singt* oder sin*kt*?

! g und k am Ende einer Silbe geben ein Signal: Ein Rechtschreibfehler droht! Mache den Signalbuchstaben durch die Peteka-Probe (p-t-k) hörbar. Du hörst ihn, wenn du das Wort verlängerst oder ein verwandtes Wort suchst, z.B. singen – sinken. Sprich dabei deutlich mit.

1. Rechtschreibhilfen

1. Bilde den Infinitiv (Grundform).
   Beispiel: Du lenkst (lenken) den Wagen.
   Wir sind überzeu__t, dass das Schiff sin__t.
   Der Angekla__te wir__t gut aufgele__t.

2. Hilf dir mit dem Plural. Beispiel: Gelenk (Gelenke)
   Köni__, Schran__, Zwer__, Vol__, Sar__

3. Durch die Steigerung kannst du den Laut hören.
   Beispiel: eng (enger)
   flin__, geduldi__, kran__, lan__, schlan__, wel__

4. Suche selbst eine Rechtschreibhilfe.
   Trin__flasche, Entenja__d, Len__rad, Tan__stelle, Fan__netz

 2. Rätsel. Trage die Lösungen senkrecht ein.
Über das Lösungswort in den umrandeten Kästchen freuen sich die meisten Schüler.

1. Für deine Hilfe bin ich dir ...
2. Gegenteil von *dumm*
3. Möglichkeit ein Auto abzustellen
4. Die Niederlage des Gegners ist mein ...
5. Im Moor ... man ein.
6. Beschuldigter vor Gericht
7. Sie ... ein Lied.
8. Er ist mutig. Er ist kein ...
9. Gegenteil von *Gesundheit*
10. Mitbringsel zum Geburtstag
11. mit Waffen ausgetragener Streit
12. Sie gebraucht ihren Verstand. Sie ...

Gleiche und ähnliche Laute

g oder k?

Rechtschreibung

1. Rechtschreibhilfen

1. Bilde den Infinitiv (Grundform).
   Wir sind überzeugt (überzeugen), dass das Schiff sinkt (sinken).
   Der Angeklagte (anklagen) wirkt (wirken) gut aufgelegt (auflegen).

2. Hilf dir mit dem Plural.
   König (Könige), Schrank (Schränke), Zwerg (Zwerge), Volk (Völker),
   Sarg (Särge)

3. Durch die Steigerung kannst du den Laut hören.
   flink (flinker), geduldig (geduldiger), krank (kränker), lang (länger),
   schlank (schlanker), welk (welker)

4. Suche selbst eine Rechtschreibhilfe.
   Trinkflasche (trinken), Entenjagd (jagen), Lenkrad (lenken),
   Tankstelle (tanken), Fangnetz (fangen)

2. Rätsel. Trage die Lösungen senkrecht ein.
Über das Lösungswort in den umrandeten Kästchen freuen sich die meisten Schüler.

1. Für deine Hilfe bin ich dir …
2. Gegenteil von *dumm*
3. Möglichkeit ein Auto abzustellen
4. Die Niederlage des Gegners ist mein …
5. Im Moor … man ein.
6. Beschuldigter vor Gericht
7. Sie … ein Lied.
8. Er ist mutig. Er ist kein …
9. Gegenteil von Gesundheit
10. Mitbringsel zum Geburtstag
11. mit Waffen ausgetragener Streit
12. Sie gebraucht ihren Verstand. Sie …

Das Lösungswort heißt: Klassenfahrt.

Rechtschreibung

Gleiche und ähnliche Laute

-ig, -lich oder -isch?

> Zebrastreifen gibt es bei mir zu Hause nicht. Und ich finde sie doch herr**lich**! Oder heißt es herr**ig**?

! Manchmal weißt du vielleicht nicht, ob ein Wort auf *-ig*, *-lich* oder *-isch* endet. Steigere es. Sprich dabei die Verlängerung deutlich aus. Dann hörst du die Endung.
Beispiel: herr*lich* – herr*licher*

1. Steigere. Sprich die Verlängerungen deutlich aus.
Beispiel: peinlich (peinlicher)

1. natür____, weihnacht____, ordent____, schreck____
2. fleiß____, schmutz____, langweil____, pracht____, schwindel____
3. kom____, himml____, abergläub____, städt____, neid____

2. Rolf hat im Brief an die Großeltern Fehler gemacht.
1. Unterstreiche die zwölf Fehler. Markiere sie am Rand.

Das Wetter war regnerich und nebelich, als wir am Sonntag auf unserem Campingplatz ankamen. Er lag herrlich schattich mitten im Wald. Die Besitzer waren sehr freundlich und begrüßten uns herzlig. Wir schliefen himmlich ruhich und wachten am nächsten Morgen gut ausgeschlafen auf. Das Wetter war fantastig. Susanne, die sonst häufich sehr mürrisch ist, war besonders fröhlig. Nur Vater war sehr ärgerlich, weil Dirk beim Frühstück noch so zänkig und eigensinnig war. Aber alle wurden friedlig, als wir zu einer Bergtour aufbrachen.

---

2. Schreibe alle Wörter auf **-ig**, **-lich** und **-isch** und ihre Steigerungsformen heraus. Sprich sie laut.
Beispiel: regnerisch – regnerischer

Gleiche und ähnliche Laute

Rechtschreibung

-ig, -lich oder -isch?

1. Steigere. Sprich die Verlängerungen deutlich aus.

1. natürlich (natürlicher), weihnachtlich (weihnachtlicher), ordentlich (ordentlicher), schrecklich (schrecklicher)
2. fleißig (fleißiger), schmutzig (schmutziger), langweilig (langweiliger), prächtig (prächtiger), schwindelig (schwindeliger)
3. komisch (komischer), himmlisch (himmlischer), abergläubisch (abergläubischer), städtisch (städtischer), neidisch (neidischer)

2. Rolf hat im Brief an die Großeltern Fehler gemacht.

1. Unterstreiche die zwölf Fehler. Markiere sie am Rand.

   Das Wetter war **regnerisch** und **nebelig**, als wir am Sonntag auf unserem Campingplatz ankamen. Er lag herrlich **schattig** mitten im Wald. Die Besitzer waren sehr freundlich und begrüßten uns **herzlich**. Wir schliefen **himmlisch ruhig** und wachten am nächsten Morgen gut ausgeschlafen auf. Das Wetter war **fantastisch**. Susanne, die sonst **häufig** sehr mürrisch ist, war besonders **fröhlich**. Nur Vater war sehr **ärgerlich**, weil Dirk beim Frühstück noch so **zänkisch** und eigensinnig war. Aber alle wurden **friedlich**, als wir zu einer Bergtour aufbrachen.

2. Schreibe alle Wörter auf **-ig, -lich** und **-isch** und ihre Steigerungsformen heraus. Sprich sie laut.

   regnerisch (regnerischer)
   nebelig (nebeliger)
   herrlich (herrlicher)
   schattig (schattiger)
   freundlich (freundlicher)
   herzlich (herzlicher)
   himmlisch (himmlischer)
   ruhig (ruhiger)
   fantastisch (fantastischer)
   häufig (häufiger)
   mürrisch (mürrischer)
   fröhlich (fröhlicher)
   ärgerlich (ärgerlicher)
   zänkisch (zänkischer)
   eigensinnig (eigensinniger)
   friedlich (friedlicher)

Rechtschreibung

Gleiche und ähnliche Laute

f oder v?

Warum ist denn ein fetter Vetter nicht dasselbe wie ein fetter Fetter?

Es gibt weniger Wörter mit v als mit f. Präge dir deshalb die mit v ein. Viele entstehen durch die Vorsilben ver- (verteilen), vor- (Vorteil), voll- (vollbringen) und viel- (vielmals).

1. Die richtige Vorsilbe

1. Ergänze die Vorsilbe **ver-**.
   Beispiel: verbieten
   Bei wie vielen Wörtern passt sie nicht?

   ____hindern, ____dacht, ____glauben, ____raten, ____wechseln, ____band, ____lieren, ____gessen, ____zeihen, ____zeichnis, ____schwinden, ____stecken, ____essen, ____kaufen, ____letzen, ____schwimmen, ____langen, ____stehen, ____suchen

2. Gnorks Antenne ist heute nicht richtig ausgerichtet. So hört er die Vorsilben einiger Wörter nicht genau.

   Ergänze die passenden Vorsilben. Lege eine Tabelle an und trage die Wörter in die richtige Spalte ein.

   ____teil, ____mond, ____seitig, ____bei, ____bereiten, ____gestern, ____hin, ____jährig, ____mittag, ____her, ____treffer, ____nehm, ____fraß, ____farbig, ____führung, ____bremsung, ____aus, ____hersage, ____ständig, ____bau, ____freude, ____fach, ____gas, ____auszahlung

vor-	voll-	viel-
Vorteil	Vollmond	vielseitig

3. Unterstreiche alle Nomen (Hauptwörter) in deiner Tabelle.
   Wie viele sind es? Sind sie großgeschrieben?

2. Weitere Wörter mit v

1. Ordne diese zehn Wörter alphabetisch.

   Vogel – Vater – Volk – Vetter – Vieh – viel – vielleicht – vier – vorne – von

2. Baue mit möglichst vielen davon einen witzigen Satz.

3. Wie oft kannst du aus den folgenden Buchstaben das Wort *vielleicht* bilden?
   Streiche die verwendeten Buchstaben.
   v v v   c c c   h h h   i i i i   e e e e   l l l l   t t t

© Ernst Klett Verlag GmbH, Stuttgart 1995.
Von dieser Druckvorlage ist die Vervielfältigung für den eigenen Unterrichtsgebrauch gestattet.
Die Kopiergebühren sind abgegolten.

Kopiervorlage **24** R

Gleiche und ähnliche Laute

Rechtschreibung

f oder v?

1. Die richtige Vorsilbe

1. Ergänze die Vorsilbe **ver-**.
   Bei wie vielen Wörtern passt sie nicht?

   verhindern, Verdacht, verraten, verwechseln, Verband, verlieren, vergessen, verzeihen, Verzeichnis, verschwinden, verstecken, verkaufen, verletzen, verlangen, verstehen, versuchen

   Vor die drei Wörter *glauben, essen, schwimmen* passt die Vorsilbe **ver-** nicht.

2. Ergänze die passenden Vorsilben. Lege eine Tabelle an und trage die Wörter in die richtige Spalte ein.

   vor-:
   <u>Vorteil</u>, vorbei, vorbereiten, vorgestern, vorhin, <u>Vormittag</u>, vorher, vornehm, <u>Vorführung</u>, voraus, <u>Vorhersage</u>, <u>Vorbau</u>, <u>Vorfreude</u>, <u>Vorauszahlung</u>

   voll-:
   <u>Vollmond</u>, volljährig, <u>Volltreffer</u>, <u>Vollbremsung</u>, vollständig, <u>Vollgas</u>

   viel-:
   vielseitig, <u>Vielfraß</u>, vielfarbig, vielfach

3. Unterstreiche alle Nomen (Hauptwörter) in deiner Tabelle.
   Wie viele sind es? Sind sie großgeschrieben?
   Zwölf Nomen solltest du gefunden haben.

2. Weitere Wörter mit v

1. Ordne diese zehn Wörter alphabetisch.
   Vater – Vetter – Vieh – viel – vielleicht – vier – Vogel – Volk – von – vorne

3. Wie oft kannst du aus den folgenden Buchstaben das Wort *vielleicht* bilden?
   Streiche die verwendeten Buchstaben.

   Das Wort *vielleicht* lässt sich zweimal bilden.

Rechtschreibung

Gleiche und ähnliche Laute

ä oder e? (Teil 1)

1. Auf Gnorks Heimatstern kennt man für die Buchstaben **ä, e** und **i** nur einen einzigen Buchstaben: das **i**.
Gnork versucht auf einem von zu Hause mitgebrachten Computer deutsche Wörter zu schreiben. Du siehst, was dabei herauskommt. Kannst du diese Geheimsprache durch das Einsetzen von **ä** und **e** entschlüsseln?
Aber Vorsicht: Manchmal bleibt das **i** auch erhalten.

Mache bei der Frage *ä oder e?* die Verwandtenprobe: *Länder* **ist mit** *Land* **verwandt. Schreibe es daher mit** *ä*.

Schreibe die Wörter richtig. Ergänze die a-Verwandten in Klammern.
Unterstreiche in beiden Wörtern **ä** und **a**.
Beispiel:
schwirzir: schw<u>ä</u>rzer
(schw<u>a</u>rz)

1. Trigir 2. Kilti 3. gifihrlich
4. jihrlich 5. ingstlich 6. minnlich
7. Irmil 8. Gifingnis 9. zirtlich
10. Wirmi 11. irtriglich 12. Ritsil
13. plitschirn 14. gizihmt 15. Kilbir
16. Binki 17. irklirin 18. schidlich
19. gikrinkt 20. Wichtir 21. lingst
22. lissig 23. Nihti 24. Titir
25. Nihi 26. quilin 27. Auslindir

Bär, Känguru, ähnlich, März, Märchen, spät, Ärger, Träne haben keine Verwandten mit a. Trotzdem schreibt man sie mit ä.

2. Präge dir die Wörter aus dem Tipp ein. Schreibe sie auswendig auf. Bilde dann mit allen einen witzigen Satz.

Alle übrigen Wörter ohne a-Verwandte schreibt man mit e.

3. Ergänze die Lückenwörter mit **e** oder **ä**.
k_hren, M_rz, K_llner, M_rchen, b_llen, st_llen, B_r, Tr_ne, sp_t, _hnlich, Gr_nze, s_hr, _s_l, _rger, F_ld

Gleiche und ähnliche Laute
ä oder e? (Teil 1)

Rechtschreibung

1. Schreibe die Wörter richtig. Ergänze die a-Verwandten in Klammern.
Unterstreiche in beiden Wörtern **ä** und **a**.

1. Träger (tragen)
2. Kälte (kalt)
3. gefährlich (Gefahr)
4. jährlich (Jahr)
5. ängstlich (Angst)
6. männlich (Mann)
7. Ärmel (Arm)
8. Gefängnis (gefangen)
9. zärtlich (zart)
10. Wärme (warm)
11. erträglich (ertragen)
12. Rätsel (raten)
13. plätschern (platschen)
14. gezähmt (zahm)
15. Kälber (Kalb)
16. Bänke (Bank)
17. erklären (klar)
18. schädlich (schaden)
19. gekränkt (krank)
20. Wächter (wachen)
21. längst (lange)
22. lässig (lassen)
23. Nähte (Naht)
24. Täter (Tat)
25. Nähe (nah)
26. quälen (Qual)
27. Ausländer (Ausland)

3. Ergänze die Lückenwörter mit **e** oder **ä**.
kehren, März, Kellner, Märchen, bellen, stellen, Bär, Träne, spät, ähnlich, Grenze, sehr, Esel, Ärger, Feld

Rechtschreibung

Gleiche und ähnliche Laute

ä oder e? (Teil 2)

1. Setze elfmal **ä** und sonst **e** in die Lücken ein.

D_r Autofahrer und d_r Fußg_nger

„M__nsch, s__tz dich in Trab und mach, dass du von d__r Straße w__gkommst", rief d__r Autofahrer gequ__lt d__m Fußg__nger auf d__m Z__brastreifen zu, „deine Geschwindigkeit ist mir unertr__glich!" – „Du Blödmann", dachte d__r Fußg__nger ver__rgert. Plötzlich hörte __r in der N__he ein verd__chtiges Geräusch. D__r Autofahrer hatte einen parkenden Pkw gestreift. „Mach, dass du wegf__hrst", rief der Fußg__nger, „du gef__hrdest die anderen Fahrer!"

2. Rätsel. Die Buchstaben von eins bis neun ergeben einen unbeliebten Aufenthaltsort. (ä = 1 Buchstabe)

1. liebevoll
2. Umkippen eines Bootes
3. junge Kühe
4. Gegenteil von *jünger*
5. etwas, das übrig bleibt
6. Raubtier
7. Kleidungsstück
8. Gegenteil von *Wärme*
9. Teil des Baumes (Plural)
10. Folgen eines Unglücks
11. Mitbringsel zum Geburtstag
12. Hexen gibt es nur im ...
13. Vater und Mutter
14. unbekannt
15. Monat
16. Fragewort
17. Sitzgelegenheiten
18. Schusswaffe
19. Stiel der Pflanze
20. Beuteltier
21. trinkbare Flüssigkeit

Gleiche und ähnliche Laute
ä oder e? (Teil 2)

Rechtschreibung

1. Setze elfmal **ä** und sonst **e** in die Lücken ein.

Der Autofahrer und der **Fußgänger**

„Mensch, setz dich in Trab und mach, dass du von der Straße wegkommst", rief der Autofahrer **gequält** dem **Fußgänger** auf dem Zebrastreifen zu, „deine Geschwindigkeit ist mir **unerträglich!**" – „Du Blödmann", dachte der **Fußgänger verärgert**. Plötzlich hörte er in der **Nähe** ein **verdächtiges** Geräusch. Der Autofahrer hatte einen parkenden Pkw gestreift. „Mach, dass du **wegfährst**", rief der **Fußgänger**, „du **gefährdest** die anderen Fahrer!"

2. Rätsel

1. liebevoll — zärtlich
2. Umkippen eines Bootes — Kentern
3. junge Kühe — Kälber
4. Gegenteil von *jünger* — älter
5. etwas, das übrig bleibt — Rest
6. Raubtier — Bär
7. Kleidungsstück — Hemd
8. Gegenteil von *Wärme* — Kälte
9. Teil des Baumes (Plural) — Stämme
10. Folgen eines Unglücks — Schäden
11. Mitbringsel zum Geburtstag — Geschenk
12. Hexen gibt es nur im ... — Märchen
13. Vater und Mutter — Eltern
14. unbekannt — fremd
15. Monat — März
16. Fragewort — wer (wen, wem)
17. Sitzgelegenheiten — Bänke
18. Schusswaffe — Gewehr
19. Stiel der Pflanze — Stängel
20. Beuteltier — Känguru
21. trinkbare Flüssigkeit — Getränk

Das Lösungswort heißt: Gefängnis.

Rechtschreibung

äu oder eu? (Teil 1)

Heißt es *Häu*ser oder *Heu*ser?

Gleiche und ähnliche Laute

Mache die Verwandtenprobe: *Häuser* ist mit *Haus* verwandt.
Du schreibst es daher mit *äu*.

Vermisstenanzeige in einer Tageszeitung:

> Gedächtnis verloren – Wörter suchen zur Identifizierung ihre Verwandten

1. Hilf bei der Suche. Schreibe die vollständigen Wörter mit ihren au-Verwandten in Klammern auf. Unterstreiche **au** und **äu**. Bei vier Wörtern mit **äu** kannst du leider keine Verwandten mit **au** finden.

Beispiel: F<u>äu</u>lnis (f<u>au</u>l)

1. Tr___me	2. Schl___che	3. K___fer
4. eingez___nt	5. Kn___el	6. s___bern
7. gr___lich	8. M___se	9. Kr___ter
10. b___erlich	11. ausr___chern	12. H___ptling
13. t___schen	14. sich r___spern	15. sch___men
16. h___fig	17. Sonnenbr___ne	18. abr___men
19. Geb___de	20. Glockengel___te	21. sich str___ben
22. S___gling	23. R___ber	24. gl___big
25. ___ßerlich	26. Fr___lein	27. S___le

2. Vier Wörter mit äu ohne au-Verwandte

1. Wie heißen die Wörter?
   ben – el – Knäu – le – pern – räus – sich – sich – Säu – sträu

2. Kläre mit deinem Partner die Bedeutung dieser Wörter.

3. Setze diese vier Wörter in den Lückentext ein.

   Unser Reiseleiter nahm das Mikrofon, _____ sich und meinte: „Vielleicht _____ sich etwas in Ihnen wegen der Hitze. Aber ich rate Ihnen den Ausflug auf die Insel mitzumachen. Sie können dort die sieben erhaltenen _____ eines alten Tempels bewundern. Die Bevölkerung lebt dort noch wie in den vergangenen Jahrhunderten. Viele Frauen sitzen täglich mit ihren Woll_____ vor ihren Häusern und fertigen Handarbeiten an."

Gleiche und ähnliche Laute

Rechtschreibung

äu oder eu? (Teil 1)

1. Schreibe die vollständigen Wörter mit ihren au-Verwandten in Klammern auf. Unterstreiche **au** und **äu**.

1. Tr<u>äu</u>me (Tr<u>au</u>m)
2. Schl<u>äu</u>che (Schl<u>au</u>ch)
3. K<u>äu</u>fer (k<u>au</u>fen)
4. eingez<u>äu</u>nt (Z<u>au</u>n)
5. Kn<u>äu</u>el (–)
6. s<u>äu</u>bern (s<u>au</u>ber)
7. gr<u>äu</u>lich (gr<u>au</u>)
8. M<u>äu</u>se (M<u>au</u>s)
9. Kr<u>äu</u>ter (Kr<u>au</u>t)
10. b<u>äu</u>erlich (B<u>au</u>er)
11. ausr<u>äu</u>chern (R<u>au</u>ch)
12. H<u>äu</u>ptling (H<u>au</u>pt)
13. t<u>äu</u>schen (t<u>au</u>schen)
14. sich r<u>äu</u>spern (–)
15. sch<u>äu</u>men (Sch<u>au</u>m)
16. h<u>äu</u>fig (H<u>au</u>fen)
17. Sonnenbr<u>äu</u>ne (br<u>au</u>n)
18. abr<u>äu</u>men (R<u>au</u>m)
19. Geb<u>äu</u>de (B<u>au</u>)
20. Glockengel<u>äu</u>te (l<u>au</u>t)
21. sich str<u>äu</u>ben (–)
22. S<u>äu</u>gling (s<u>au</u>gen)
23. R<u>äu</u>ber (r<u>au</u>ben)
24. gl<u>äu</u>big (gl<u>au</u>ben)
25. <u>äu</u>ßerlich (<u>au</u>ßen)
26. Fr<u>äu</u>lein (Fr<u>au</u>)
27. S<u>äu</u>le (–)

2. Vier Wörter mit äu ohne au-Verwandte

1. Knäuel – sich räuspern – sich sträuben – Säule

2. Kläre mit deinem Partner die Bedeutung dieser Wörter.

Knäuel: aufgewickelte Wolle
sich räuspern: ein bestimmtes Geräusch zum Lockern des Kehlkopfes erzeugen
sich sträuben: sich wehren
Säule: Stütze eines Bauwerkes

3. Setze diese vier Wörter in den Lückentext ein.

Unser Reiseleiter nahm das Mikrofon, **räusperte** sich und meinte: „Vielleicht **sträubt** sich etwas in Ihnen wegen der Hitze. Aber ich rate Ihnen den Ausflug auf die Insel mitzumachen. Sie können dort die sieben erhaltenen **Säulen** eines alten Tempels bewundern. Die Bevölkerung lebt dort noch wie in den vergangenen Jahrhunderten. Viele Frauen sitzen täglich mit ihren Woll**knäueln** vor ihren Häusern und fertigen Handarbeiten an."

Rechtschreibung

Gleiche und ähnliche Laute

äu oder eu? (Teil 2)

• Wörter ohne au-Verwandte schreibt man fast immer mit eu.

1. Silbenrätsel mit Lücken

Die Silben sind durcheinander geraten, die Buchstaben **eu** fehlen. Wie heißen die neun vollständigen Wörter?

Beispiel: Beute

B___	B___	de	de	F___	Fr___
Fr___n	Spiel	er	ern	le	L___
M___	te	te	te	sch___	z___g

2. Rätsel. Wörter mit **eu** und **äu** (ä = 1 Buchstabe)

1. Trage sie ein. Mache mündlich die Verwandtenprobe.
2. Die umrandeten Kästchen ergeben ein beliebtes Vergnügen für Jung und Alt.

1. Luftfahrzeug
2. oft
3. Erlebnisse im Schlaf
4. Waffe der Urmenschen
5. Wolle ist aufgewickelt zu einem *Woll...*
6. Stütze von Bauwerken
7. verneigen
8. Zeit, in der du den Mond nicht siehst
9. etwas tut mir Leid (Infinitiv)
10. etwas Unwahres vorspielen
11. Tag zwischen gestern und morgen
12. Dieb
13. weinen
14. Anführer eines Indianerstammes
15. Abgaben an den Staat
16. Menschen, die einem wichtig sind
17. Baby

Gleiche und ähnliche Laute
Rechtschreibung
äu oder eu? (Teil 2)

1. Silbenrätsel mit Lücken
Wie heißen die neun vollständigen Wörter?
Beule, Beute, Feuer, Freude, Freunde, Leute, Meute, scheuern, Spielzeug

2. Rätsel. Wörter mit **eu** und **äu** (ä = 1 Buchstabe)
1. Trage sie ein. Mache mündlich die Verwandtenprobe.

1. Luftfahrzeug
2. oft
3. Erlebnisse im Schlaf
4. Waffe der Urmenschen
5. Wolle ist aufgewickelt zu einem Woll...
6. Stütze von Bauwerken
7. verneigen
8. Zeit, in der du den Mond nicht siehst
9. etwas tut mir Leid (Infinitiv)
10. etwas Unwahres vorspielen
11. Tag zwischen gestern und morgen
12. Dieb
13. weinen
14. Anführer eines Indianerstammes
15. Abgaben an den Staat
16. Menschen, die einem wichtig sind
17. Baby

Verwandtenprobe bei den äu-Wörtern:
häufig (Haufen), Träume (Traum), Knäuel (ohne au-Verwandte), Säule (ohne au-Verwandte), täuschen (tauschen), Räuber (rauben), Häuptling (Haupt), Säugling (saugen)

2. Die umrandeten Kästchen ergeben ein beliebtes Vergnügen für Jung und Alt.
Das Lösungswort heißt: Zirkusvorstellung.

Rechtschreibung

Gleiche und ähnliche Laute

ai oder ei? (Teil I)

Leider klappt die Verwandtenprobe bei der Frage *ai oder ei?* nicht. Präge dir die wenigen Wörter mit ai ein:
Hai, Hain (Wäldchen), Kai, Kain (Bruder von Abel), Kaiser, Laib, Froschlaich (Eier), Laie (kein Fachmann), Mai, Mailand, Main, Mainau (Insel im Bodensee), Mainz, Saite (von Instrumenten), Taifun, Thailand, Waisenkind, Mais, Wiesenrain (Wiesenrand)

Kreuzworträtsel

waagerecht:
- 2 kein Fachmann
- 5 Getreideart
- 6 Bruder Abels
- 7 Wirbelsturm
- 8 Froscheier
- 12 Insel im Bodensee
- 13 elternloses Kind
- 15 Wäldchen

senkrecht:
- 1 Wiesenrand
- 2 ganzes Brot
- 3 Hauptstadt von Rheinland-Pfalz
- 4 Frühlingsmonat
- 5 Stadt in Oberitalien
- 6 Titel eines Herrschers
- 7 Staat in Südostasien
- 9 Raubfisch
- 10 rechter Nebenfluss des Rheins
- 11 Teil der Gitarre
- 14 Anlegestelle im Hafen, Vorname

Kopiervorlage **29**

Gleiche und ähnliche Laute
ai oder ei? (Teil 1)

Rechtschreibung

Kreuzworträtsel

waagerecht:
- 2 kein Fachmann
- 5 Getreideart
- 6 Bruder Abels
- 7 Wirbelsturm
- 8 Froscheier
- 12 Insel im Bodensee
- 13 elternloses Kind
- 15 Wäldchen

senkrecht:
- 1 Wiesenrand
- 2 ganzes Brot
- 3 Hauptstadt von Rheinland-Pfalz
- 4 Frühlingsmonat
- 5 Stadt in Oberitalien
- 6 Titel eines Herrschers
- 7 Staat in Südostasien
- 9 Raubfisch
- 10 rechter Nebenfluss des Rheins
- 11 Teil der Gitarre
- 14 Anlegestelle im Hafen, Vorname

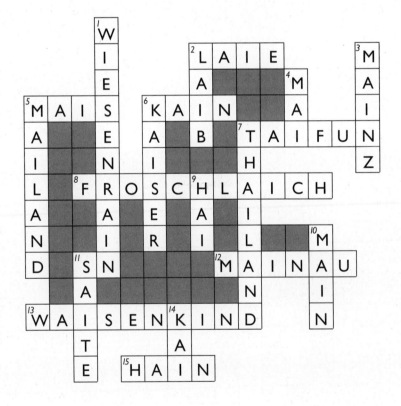

Rechtschreibung

Gleiche und ähnliche Laute

ai oder ei? (Teil 2)

1. Schreibe möglichst viele Wörter mit **ai** auf. Wenn du weniger als zehn findest, schaust du dir die ai-Wörter von Teil 1 besser noch einmal an.

2. Wörter mit **ei**

   1. Suche Reimwörter. Vielleicht findest du noch weitere mit anderen Anfangsbuchstaben. Die letzten Buchstaben der Reimwörter können unterschiedlich geschrieben werden, z. B. Klei**d** – brei**t** oder Ei**s** – Schwei**ß**. Entscheidend ist der gleiche Klang.

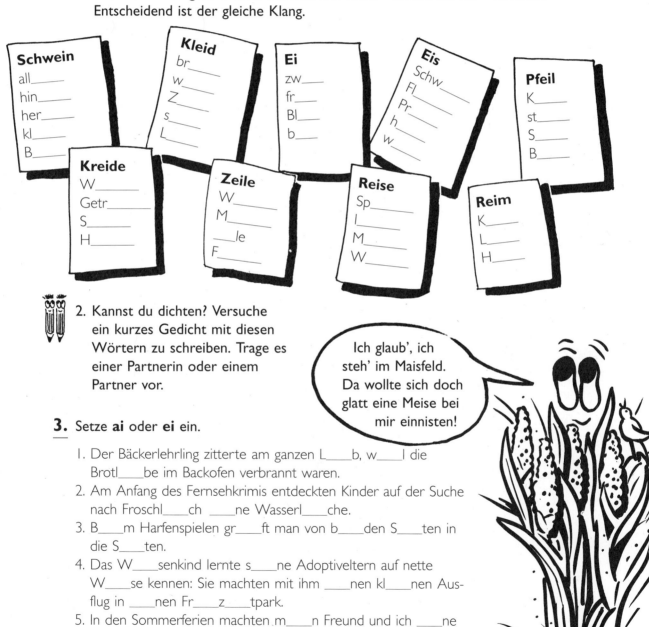

Schwein: all___, hin___, her___, kl___, B___
Kleid: br___, w___, Z___, s___, L___
Ei: zw___, fr___, Bl___, b___
Eis: Schw___, Fl___, Pr___, h___, w___
Pfeil: K___, st___, S___, B___
Kreide: W___, Getr___, S___, H___
Zeile: W___, M___, ___le, F___
Reise: Sp___, l___, M___, W___
Reim: K___, L___, H___

2. Kannst du dichten? Versuche ein kurzes Gedicht mit diesen Wörtern zu schreiben. Trage es einer Partnerin oder einem Partner vor.

   Ich glaub', ich steh' im Maisfeld. Da wollte sich doch glatt eine Meise bei mir einnisten!

3. Setze **ai** oder **ei** ein.

   1. Der Bäckerlehrling zitterte am ganzen L___b, w___l die Brotl___be im Backofen verbrannt waren.
   2. Am Anfang des Fernsehkrimis entdeckten Kinder auf der Suche nach Froschl___ch ___ne Wasserl___che.
   3. B___m Harfenspielen gr___ft man von b___den S___ten in die S___ten.
   4. Das W___senkind lernte s___ne Adoptiveltern auf nette W___se kennen: Sie machten mit ihm ___nen kl___nen Ausflug in ___nen Fr___z___tpark.
   5. In den Sommerferien machten m___n Freund und ich ___ne Fahrradtour vom M___n bis zur Insel M___nau im Bodensee.

   Wie oft kommt **ai** vor?

Gleiche und ähnliche Laute

Rechtschreibung

ai oder ei? (Teil 2)

1. Wörter mit **ai**

Hai, Hain, Kai, Kain, Kaiser, Laib, Froschlaich, Laie, Mai, Mailand, Main, Mainau, Mainz, Mais, Saite, Taifun, Thailand, Waisenkind, Wiesenrain

2. Wörter mit **ei**

1. Suche Reimwörter. Vielleicht findest du noch weitere mit anderen Anfangsbuchstaben.

   Schwein, allein, hinein, herein, klein, Bein, Wein, sein, fein, mein, dein, Pein, Schein, …

   Kleid, breit, weit, Zeit, seit (seid), Leid, Eid, Streit, bereit, …

   Ei, zwei, frei, Blei, bei, Partei, Brei, drei, …

   Eis, Schweiß, Fleiß, Preis, heiß, weiß, Reis, …

   Pfeil, Keil, steil, Seil, Beil, weil, Teil, …

   Kreide, Weide, Getreide, Seide, Heide, …

   Zeile, Weile, Meile, Eile, Feile, …

   Reise, Speise, leise, Meise, Weise, …

   Reim, Keim, Leim, Heim, …

3. Setze **ai** oder **ei** ein.

1. Der Bäckerlehrling zitterte am ganzen **Leib, weil** die **Brotlaibe** im Backofen verbrannt waren.
2. Am Anfang des Fernsehkrimis entdeckten Kinder auf der Suche nach **Froschlaich eine Wasserleiche**.
3. **Beim** Harfenspielen **greift** man von **beiden Seiten** in die **Saiten**.
4. Das **Waisenkind** lernte **seine** Adoptiveltern auf nette **Weise** kennen: Sie machten mit ihm **einen kleinen** Ausflug in **einen Freizeitpark**.
5. In den Sommerferien machten **mein** Freund und ich **eine** Fahrradtour vom **Main** bis zur Insel **Mainau** im Bodensee.

Wie oft kommt **ai** vor?
ai kommt sechsmal vor.

Rechtschreibung

Stimmhaftes s oder stimmloses ß?

Der s-Laut

Ojemine!
Der Sturm hat alle Nüsse von den Bäumen geweht! Durch den Aufprall ist der Inhalt der Nüsse durcheinander geraten.

1. In den Haselnüssen stecken immer Wörter mit **s** (z. B. säKe – Käse), die Walnüsse enthalten Wörter mit **ß** (z. B. Seepiß – Spieße).

1. Schreibe die Wörter richtig auf.

> **Lege den Zeigefinger an den Kehlkopf. Sprich zunächst** *Kä-se*, **dann** *Spie-ße* **in Silben deutlich aus. Vielleicht sprichst du s und ß so verschieden, dass du den Unterschied tastest und hörst: Das stimmhafte s wird gesummt, das stimmlose ß dagegen gezischt.**

Wenn du **s** und **ß** nicht unterscheidest, lässt du die nächsten Übungen auf dieser Seite weg und prägst dir gleich die Wortfamilien mit **ß** auf der nächsten Seite ein.

2. Du hast **s** und **ß** unterschiedlich ausgesprochen. Lies nun alle Wörter aus den Haselnüssen und Walnüssen mit dem Zeigefinger am Kehlkopf.

> **Wenn s/ß am Ende einer Silbe oder vor t steht, musst du die Wörter verlängern oder Wortverwandte suchen. Denn nur am Silbenanfang unterscheidest du s und ß deutlich.**
> **Du** *reist* **nach Köln.** ← **rei-sen (stimmhaftes s)**
> **Du** *reißt* **den Faden ab.** ← **rei-ßen (stimmloses ß)**

2. Verlängere oder suche Wortverwandte. Schreibe die Verlängerungen und Wortverwandten in Sprechsilben.
Beispiel: Häschen (Ha-se), süß (sü-ßer)
1. Gra____ 2. schlie____lich 3. Mäu____chen 4. Hei____t du Müller?
5. prei____wert 6. Bla____instrument 7. Fu____gelenk 8. Gru____
9. Spa____vogel 10. Er lie____t. 11. Gro____vater

Der s-Laut

Rechtschreibung

Stimmhaftes s oder stimmloses ß?

1. Schreibe die Wörter richtig auf.

Haselnüsse:
Reise – Hase – Kaiser – böse – Nase – lesen

Walnüsse:
Füße – Soße – draußen – fleißig – große – gießen

2. Verlängere oder suche Wortverwandte. Schreibe die Verlängerungen und Wortverwandten in Sprechsilben.

1. Gras (Grä-ser)
2. schließlich (schlie-ßen)
3. Mäuschen (Mäu-se)
4. Heißt du Müller? (hei-ßen)
5. preiswert (Prei-se)
6. Blasinstrument (bla-sen)
7. Fußgelenk (Fü-ße)
8. Gruß (Grü-ße)
9. Spaßvogel (Spä-ße)
10. Er liest. (le-sen)
11. Großvater (grö-ßer)

Rechtschreibung

Der s-Laut

ß (Teil 1)

Vier Geschwister machen gleichzeitig Klassenfahrten nach **Straßburg, Meißen, Großenbrode** und **Gießen**. Sie müssen noch ihre Koffer packen. Aber der Kofferinhalt – 38 Wörter mit ß – liegt noch völlig durcheinander im Kinderzimmer.

1. Hilf ihnen und packe die Wörter mit ß in die richtigen Koffer. Wenn der Platz im Koffer nicht reicht, kannst du über die Kofferränder schreiben.

fließen, Soße, wir aßen, beißen, aufspießen, Flöße, Späße, weiße, genießen, Grüße, große, süße, außerdem, dreißig, büßen, außen, wir ließen, Füße, gefräßig, heiße, schweißen, schießen, auf dem Schoße, Maße, Meißel, sie fraßen, reißen, schließen, draußen, Sträuße, sich äußern, wir vergaßen, heißen, gießen, stoßen, Straße, gleichmäßig, fleißig, scheußlich

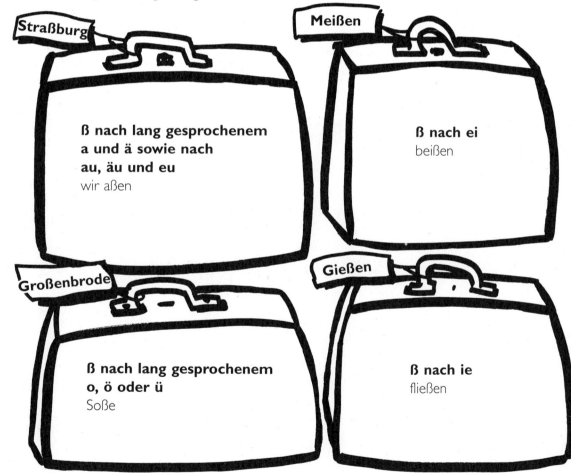

2. Hast du richtig gepackt? Wie viele der 38 Wörter mit ß befinden sich in jedem Koffer?

Straßburg: ___ Wörter **Meißen:** ___ Wörter
Großenbrode: ___ Wörter **Gießen:** ___ Wörter

© Ernst Klett Verlag GmbH, Stuttgart 1995.
Von dieser Druckvorlage ist die Vervielfältigung für den eigenen Unterrichtsgebrauch gestattet.
Die Kopiergebühren sind abgegolten.

Kopiervorlage

Der s-Laut
ß (Teil 1)

Rechtschreibung

1. Hilf ihnen und packe die Wörter mit **ß** in die richtigen Koffer.

Straßburg	**Meißen**	**Großenbrode**	**Gießen**
wir aßen	beißen	Soße	fließen
sie fraßen	reißen	große	schließen
wir vergaßen	heißen	stoßen	schießen
Straße	schweißen	auf dem Schoße	gießen
Maße	Meißel	Flöße	aufspießen
Späße	weiße	Grüße	genießen
gleichmäßig	fleißig	Füße	wir ließen
gefräßig	heiße	süße	
außerdem	dreißig	büßen	
außen			
draußen			
Sträuße			
sich äußern			
scheußlich			

2. Hast du richtig gepackt? Wie viele der 38 Wörter mit **ß** befinden sich in jedem Koffer?

| **Straßburg:** | 14 Wörter | **Meißen:** | 9 Wörter |
| **Großenbrode:** | 9 Wörter | **Gießen:** | 7 Wörter |

Rechtschreibung

Der s-Laut

ß (Teil 2)

1. Wörter mit ß

Schreibe den Text „Mittagessen bei den Schimpansen" ab. Setze dabei die folgenden Wörter mit ß passend ein. Streiche die verwendeten Formen.

saß – hießen – großen – anschließend – Schoß – Füßen – aß – süß – Spieß – Klöße – heißem – Reißverschlüsse – weißes – Spaß – Soße – schließen

Mittagessen bei den Schimpansen

Die drei Schimpansen ... Ludmilla, August und Nero und waren ganz ... . Sie trugen Strampelanzüge, die der Tierpfleger durch ... öffnen und ... konnte. Die ganze Familie ... vergnügt an einem Tisch, auf dem ein sauberes ... Tischtuch lag. August zerteilte mit Messer und Gabel runde ... auf seinem Teller. ... matschte er fröhlich mit seinen Fingern in der ... herum. Das machte ihm besonders ... . Ludmilla hatte ihr Junges auf dem ... und wollte es mit ... Brei füttern. Aber der kleine Nero brüllte wie am ... und trat wütend mit den ... gegen den Tisch. Brei ... er nicht!

2. Rätsel

1. Zucker schmeckt ...
2. Gegenteil von *schwarz*
3. Ich schrie wie am ...
4. Tätigkeit der Zähne
5. das Gegenteil von *faul*
6. Präteritum (Vergangenheit) von *wir vergessen*
7. ein anderes Wort für *werfen*
8. unangenehm, schrecklich
9. zumachen
10. eine Pistole betätigen
11. drei mal zehn
12. breiter Weg
13. ich habe den Namen
14. Ich habe einen ... im Hals.
15. Präteritum von *er sitzt*

s ü ß

Lies die nummerierten Buchstaben hintereinander. Es ergibt sich ein wichtiger Teil von Kleidungsstücken.

Der s-Laut
ß (Teil 2)

Rechtschreibung

1. Wörter mit ß

Schreibe den Text „Mittagessen bei den Schimpansen" ab. Setze dabei die folgenden Wörter mit ß passend ein. Streiche die verwendeten Formen.

Mittagessen bei den Schimpansen

Die drei Schimpansen **hießen** Ludmilla, August und Nero und waren ganz **süß**. Sie trugen Strampelanzüge, die der Tierpfleger durch **Reißverschlüsse** öffnen und **schließen** konnte. Die ganze Familie **saß** vergnügt an einem Tisch, auf dem ein sauberes **weißes** Tischtuch lag. August zerteilte mit Messer und Gabel runde **Klöße** auf seinem Teller. **Anschließend** matschte er fröhlich mit seinen Fingern in der **Soße** herum. Das machte ihm besonders **großen Spaß**. Ludmilla hatte ihr Junges auf dem **Schoß** und wollte es mit **heißem** Brei füttern. Aber der kleine Nero brüllte wie am **Spieß** und trat wütend mit den **Füßen** gegen den Tisch. Brei **aß** er nicht!

2. Rätsel

1. Zucker schmeckt...	s ü ß
2. Gegenteil von *schwarz*	w e i ß
3. Ich schrie wie am...	S p i e ß
4. Tätigkeit der Zähne	b e i ß e n
5. das Gegenteil von *faul*	f l e i ß i g
6. Präteritum (Vergangenheit) von *wir vergessen*	v e r g a ß e n
7. ein anderes Wort für *werfen*	s c h m e i ß e n
8. unangenehm, schrecklich	s c h e u ß l i c h
9. zumachen	s c h l i e ß e n
10. eine Pistole betätigen	s c h i e ß e n
11. drei mal zehn	d r e i ß i g
12. breiter Weg	S t r a ß e
13. ich habe den Namen	h e i ß e
14. Ich habe einen ... im Hals.	K l o ß
15. Präteritum von *er sitzt*	s a ß

Lies die nummerierten Buchstaben hintereinander. Es ergibt sich ein wichtiger Teil von Kleidungsstücken.

Das Lösungswort heißt: Reißverschluss.

Rechtschreibung

Der s-Laut

ss und ß

> **Du kannst das ss hören: Zerlege dazu ein Wort in Sprechsilben.**
> **Beispiel: essen: es-sen**

1. Zerlege in Sprechsilben. Lies die Silben so, dass du beide **s** hören kannst:
   Beispiel: Rü__el: Rüssel (Rüs-sel)
   Kla__e, la__en, Wa__erke__el, Ta__e, be__er

> **Manchmal musst du das Wort verlängern oder Wortverwandte suchen, um ss zu hören. Beispiel: Nussknacker (Nüs-se)**

2. Verlängere oder suche Wortverwandte.
   Beispiel: bewu__t: bewusst (wis-sen)
   Ku__, Bierfa__, me__bar, Schu__linie, Schlo__gespenst, Flu__schifffahrt

3. **Die wilde Friederike**
   Als Friederike zehn Jahre alt ist, schicken ihre Eltern sie in ein Internat.
   Sie soll dort lernen sich besser zu benehmen.
   Aber schon bald bekommt sie Ärger mit ihren Erziehern
   und Lehrern. Was erwarten sie von ihr?

   1. Sie soll nicht dauernd Süßigkeiten essen.
   2. Sie soll nicht vergessen ihr Zimmer aufzuräumen.
   3. Sie soll die Blumen im Park nicht anfassen.
   4. Sie soll die Katzen nicht küssen.
   5. Sie soll den Unterrichtsbeginn nicht verpassen.
   6. Sie soll im Unterricht aufpassen.
   7. Sie soll das Schwätzen sein lassen.

   1. Schreibe die Wörter mit **ss** heraus.
   2. Schreibe auf, was die Erzieher zu Friederike sagen.
      Beispiel: 1. „Iss nicht dauernd Süßigkeiten!"
   3. Friederike soll nun ihre guten Vorsätze ins Heft schreiben. Wie heißen sie?
      Schreibe sie auf. Beispiel: 1. Ich esse nicht mehr dauernd Süßigkeiten.

4. **ss** oder **ß**? Zerlege in Sprechsilben. Sprich die Silben deutlich mit.
   Beispiel: wi__en: wissen (wis-sen), drau__en: draußen (drau-ßen)
   Grü__e, Nä__e, Se__el, Stra__e, fa__en, Schü__el, sto__en

5. Schreibe einen kurzen Text über ein Haustier. Darin sollen möglichst viele der
   folgenden Wörter oder ihrer Wortverwandten vorkommen:
   fressen, anfassen, aufpassen, hassen, lassen, beißen, zerreißen, süß, begrüßen,
   Straße, heißen, genießen, große, weiße, Späße, umschmeißen
   Beispiel: Mein Meerschweinchen begrüßt mich morgens immer mit ...

Der s-Laut
ss und ß

Rechtschreibung

1. Zerlege in Sprechsilben. Lies die Silben so, dass du beide **s** hören kannst:

Klasse (Klas-se), lassen (las-sen), Wasserkessel (Was-ser-kes-sel),
Tasse (Tas-se), besser (bes-ser)

2. Verlängere oder suche Wortverwandte.

Kuss (Küs-se), Bierfass (Bierfäs-ser), messbar (mes-sen), Schusslinie (Schüs-se),
Schlossgespenst (Schlös-ser), Flussschifffahrt (Flüs-se)

3. Die wilde Friederike

1. Schreibe die Wörter mit **ss** heraus.

   essen, vergessen, anfassen, küssen, verpassen, aufpassen, lassen

2. Schreibe auf, was die Erzieher zu Friederike sagen.

   Mögliche Antworten:
   2. Vergiss nicht dein Zimmer aufzuräumen!
   3. Fass die Blumen im Park nicht an!
   4. Küss die Katzen nicht!
   5. Verpass nicht den Unterrichtsbeginn!
   6. Pass im Unterricht auf!
   7. Lass das Schwätzen sein!

3. Friederike soll nun ihre guten Vorsätze ins Heft schreiben. Wie heißen sie?
   Schreibe sie auf.

   2. Ich vergesse nicht mehr mein Zimmer aufzuräumen.
   3. Ich fasse nicht mehr die Blumen im Park an.
   4. Ich küsse nicht mehr die Katzen.
   5. Ich verpasse nicht mehr den Unterrichtsbeginn.
   6. Ich passe im Unterricht auf.
   7. Ich lasse das Schwätzen sein.

4. ss oder ß? Zerlege in Sprechsilben. Sprich die Silben deutlich mit.

Grüße (Grü-ße), Nässe (Näs-se), Sessel (Ses-sel), Straße (Stra-ße),
fassen (fas-sen), Schüssel (Schüs-sel), stoßen (sto-ßen)

Rechtschreibung

Der s-Laut

Nomen auf -us, -as, -is und -nis

> Manchmal kannst du den s-Laut nicht durch eine Verlängerung des Wortes hörbar machen, wie bei *meistens*. Prüfe dann, ob es einen Verwandten mit ß oder ss hat. Wenn du kein verwandtes Wort findest, schreibst du s.

1. Suche die Reimwörter.

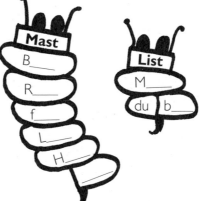

2. Schreibe ein kleines Gedicht, in dem mindestens vier deiner Reimwörter vorkommen. Trage es deiner Partnerin oder deinem Partner vor.

> Einige Wörter auf *-us, -as, -is* und *-nis* werden mit s geschrieben, obwohl sie im Plural auf *-sse* enden.
> Beispiel: Erlebnis – Erlebnisse

3. Suche Wörter mit den Endungen **-us, -as, -is** und **-nis**.

1. Modell der Erdkugel
2. Nomen zu *erleben*
3. Hürde beim Pferderennen
4. Nomen zu *erkennen*
5. Dunkelheit
6. Personentransportmittel
7. Südfrucht
8. Ein Schüler bekommt es mehrmals im Jahr.
9. Frühlingsblume

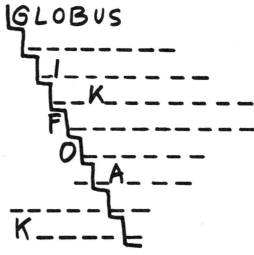

4. Wenn du die Buchstaben auf den Treppenstufen von oben nach unten liest, erfährst du etwas, was nicht verraten werden sollte.

Der s-Laut

Rechtschreibung

Nomen auf -us, -as, -is und -nis

1. Suche die Reimwörter.

Fest	Rost	Mast	List	Piste	Laus
Nest	Frost	Bast	Mist	Kiste	heraus
Rest	Post	Rast	du bist	Liste	hinaus
		fast			Maus
		Last			Klaus
		Hast			aus
		Ast			

3. Suche Wörter mit den Endungen -us, -as, -is und -nis.

1. Modell der Erdkugel — GLOBUS
2. Nomen (Hauptwort) zu *erleben* — ERLEBNIS
3. Hürde beim Pferderennen — HINDERNIS
4. Nomen zu *erkennen* — ERKENNTNIS
5. Dunkelheit — FINSTERNIS
6. Personentransportmittel — OMNIBUS
7. Südfrucht — ANANAS
8. Ein Schüler bekommt es mehrmals im Jahr. — ZEUGNIS
9. Frühlingsblume — KROKUS

4. Wenn du die Buchstaben auf den Treppenstufen von oben nach unten liest, erfährst du etwas, was nicht verraten werden sollte.
Das Lösungswort heißt: Geheimnis.

Rechtschreibung

Der s-Laut

s oder ss?

 Kreuzworträtsel (ä, ö, ü = 1 Buchstabe)

waagerecht:
- 1 Strafanstalt
- 3 Schüler fürchten es oft.
- 9 Reisedokument
- 12 Präteritum (Vergangenheit) von *sie blasen*
- 14 schnatterndes Haustier
- 16 Verkehrsmittel
- 18 Präteritum von *er liest*
- 19 Wandverkleidung im Bad
- 24 Unterrichtsraum
- 25 Fluss in Norddeutschland
- 26 längere Fahrten
- 27 Milchprodukt
- 28 Gewinnschein auf der Kirmes
- 29 Der Zirkel zeichnet ihn.
- 31 Eichhörnchen sammeln sie.
- 32 Tier, das Lasten trägt
- 33 Ein Witz ist meistens …

senkrecht:
- 2 Riechorgane
- 4 gefrorenes Wasser
- 5 sehr alter Mann
- 6 Vergnügen für Alt und Jung
- 7 Körperteil
- 8 Buch mit Landkarten
- 9 Kosten einer Ware
- 10 schaumige Süßigkeit (Plural)
- 11 Schiffshebewerk im Fluss
- 13 eine Mahlzeit einnehmen
- 15 Gefäß für Blumen
- 16 Grundlage für Verurteilung
- 17 bequeme Sitzgelegenheit
- 18 Seil der Cowboys
- 20 Heizmaterial
- 21 Sport vergrößert sie.
- 22 von Tieren verursachte Wunden
- 23 Man lernt es in der 1. Klasse.
- 26 etwas, das übrig bleibt
- 28 mit … und Tücke
- 30 3. Pers. Sing. Präs. (Gegenw.) von *sein*

Der s-Laut
s oder ss?

Rechtschreibung

Kreuzworträtsel (ä, ö, ü = 1 Buchstabe)

waagerecht:
1 Strafanstalt
3 Schüler fürchten es oft.
9 Reisedokument
12 Präteritum (Vergangenheit) von *sie blasen*
14 schnatterndes Haustier
16 Verkehrsmittel
18 Präteritum von *er liest*
19 Wandverkleidung im Bad
24 Unterrichtsraum
25 Fluss in Norddeutschland
26 längere Fahrten
27 Milchprodukt
28 Gewinnschein auf der Kirmes
29 Der Zirkel zeichnet ihn.
31 Eichhörnchen sammeln sie.
32 Tier, das Lasten trägt
33 Ein Witz ist meistens …

senkrecht:
2 Riechorgane
4 gefrorenes Wasser
5 sehr alter Mann
6 Vergnügen für Alt und Jung
7 Körperteil
8 Buch mit Landkarten
9 Kosten einer Ware
10 schaumige Süßigkeit (Plural)
11 Schiffshebewerk im Fluss
13 eine Mahlzeit einnehmen
15 Gefäß für Blumen
16 Grundlage für Verurteilung
17 bequeme Sitzgelegenheit
18 Seil der Cowboys
20 Heizmaterial
21 Sport vergrößert sie.
22 von Tieren verursachte Wunden
23 Man lernt es in der 1. Klasse.
26 etwas, das übrig bleibt
28 mit … und Tücke
30 3. Pers. Sing. Präs. (Gegenw.) von *sein*

			¹G	E	F	Ä	²N	G	N	I	S		³Z	⁴E	U	G	N	I	S		⁶Z		
							A			⁷H	I		R								I		
	⁸A		⁹P	E	R	S	O	N	A	A	L	A	U	S	W	E	I	¹¹S			R		
	T		R				E			L			I					C			K		
¹²B	L	I	E	S	¹³E	N		¹⁴G	A	N	S		¹⁵V			S		H		¹⁶B	U	¹⁷S	
	A		I		S			E					¹⁸L	A	S		¹⁹F	L	I	E	S	E	
	S		S		S			R		²⁰G	A	S		²¹M		E		W				S	
		²²B		²³L	E			²⁴K	L	A	S	S	E		U			U		²⁵E	M	S	
²⁶R	E	I	S	E	N			Ü		S		S			S			S		I		E	
	E		S		S		²⁷K	Ä	S	E		²⁸L	O	S		²⁹K	R	³⁰E	I	S		L	
	S		S		E			S				I				E		S					
	T		E		³¹N	Ü	S	S	E		³²E	S	E	L		³³L	U	S	T	I	G	
												T					N						

Rechtschreibung

Der s-Laut

s, ss oder ß? (Wiederholung)

Die Klasse 6 c hat einen Kummerkasten. Einmal im Monat werden die Zettel der Schüler besprochen. Leider machen die Schüler bei den s-Lauten insgesamt 18 Fehler.

1. Streiche sie an und verbessere sie im Text.

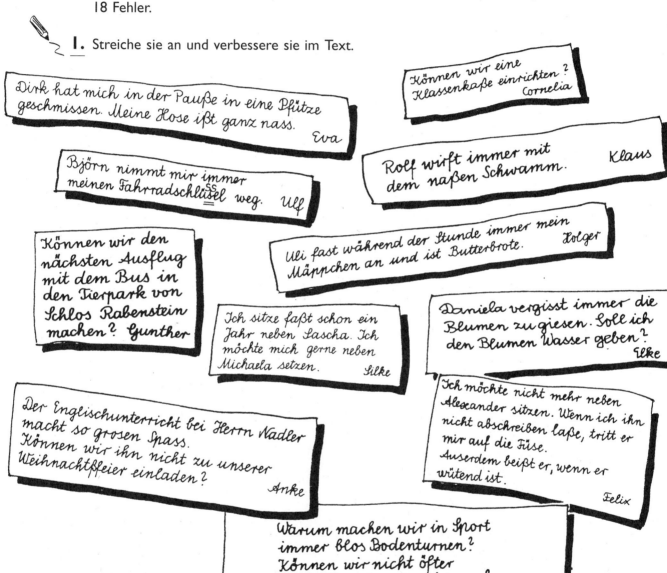

Dirk hat mich in der Pauße in eine Pfütze geschmissen. Meine Hose ißt ganz nass. — Eva

Können wir eine Klassenkaße einrichten? — Cornelia

Björn nimmt mir immer meinen Fahrradschlüßel weg. — Ulf

Rolf wirft immer mit dem naßen Schwamm. — Klaus

Können wir den nächsten Ausflug mit dem Bus in den Tierpark von Schlos Rabenstein machen? — Gunther

Uli fast während der Stunde immer mein Mäppchen an und ist Butterbrote. — Holger

Ich sitze faßt schon ein Jahr neben Sascha. Ich möchte mich gerne neben Michaela setzen. — Silke

Daniela vergisst immer die Blumen zu giesen. Soll ich den Blumen Wasser geben? — Elke

Der Englischunterricht bei Herrn Nadler macht so grosen Spass. Können wir ihn nicht zu unserer Weihnachtsfeier einladen? — Anke

Ich möchte nicht mehr neben Alexander sitzen. Wenn ich ihn nicht abschreiben laße, tritt er mir auf die Füse. Auserdem beißt er, wenn er wütend ist. — Felix

Warum machen wir in Sport immer blos Bodenturnen? Können wir nicht öfter Fussballspiele organisieren? — Christian

2. Lege eine Tabelle an und ordne die Briefe ohne Rechtschreibfehler ein. Manche passen in beide Spalten.

Kritik	Vorschläge
Björn nimmt mir immer meinen Fahrradschlüssel weg.	Können wir eine Klassenkasse einrichten?

Kopiervorlage **37**

Der s-Laut

Rechtschreibung

s, ss oder ß? (Wiederholung)

1. Streiche die Fehler an und verbessere sie im Text.

2. Lege eine Tabelle an und ordne die Briefe der Schüler fehlerlos ein. Manche passen in beide Spalten.

Dirk hat mich in der Pau**s**e in eine Pfütze geschmissen. Meine Hose i**st** ganz nass. (Kritik)	Eva
Können wir eine Klassenka**ss**e einrichten? (Vorschlag)	Cornelia
Björn nimmt mir immer meinen Fahrradschlü**ss**el weg. (Kritik)	Ulf
Rolf wirft immer mit dem na**ss**en Schwamm. (Kritik)	Klaus
Können wir den nächsten Ausflug mit dem Bus in den Tierpark von Schlo**ss** Rabenstein machen? (Vorschlag)	Gunther
Uli fa**sst** während der Stunde immer mein Mäppchen an und i**sst** Butterbrote. (Kritik)	Holger
Ich sitze fa**st** schon ein Jahr neben Sascha. Ich möchte mich gerne neben Michaela setzen. (Kritik und Vorschlag)	Silke
Daniela vergisst immer die Blumen zu gie**ß**en. Soll ich den Blumen Wasser geben? (Kritik und Vorschlag)	Elke
Der Englischunterricht bei Herrn Nadler macht so gro**ß**en Spa**ß**. Können wir ihn nicht zu unserer Weihnacht**s**feier einladen? (Vorschlag)	Anke
Ich möchte nicht mehr neben Alexander sitzen. Wenn ich ihn nicht abschreiben la**ss**e, tritt er mir auf die Fü**ß**e. Au**ß**erdem beißt er, wenn er wütend ist. (Kritik)	Felix
Warum machen wir in Sport immer blo**ß** Bodenturnen? Können wir nicht öfter Fu**ß**ballspiele organisieren? (Kritik und Vorschlag)	Christian

R 37 Lösung

Rechtschreibung **Der s-Laut**

das oder dass?

 1. Schreibe in die Klammer hinter das Wort **da__** die Ersatzwörter *dieses* oder *welches*, wenn sie im Satz einen Sinn ergeben. Ergänze dann das **s** bei *das*. Wenn die Ersatzwörter nicht passen, streichst du die Klammer durch und ergänzt **ss** bei *dass*.

München, den 15.3.2002

Hallo, Klasse 6 a,

das (dieses) fand ich riesig nett von euch, **dass (–)** ihr mir gleich ins Krankenhaus geschrieben habt. War da__ (_____) vielleicht eine Aufregung, als ich nachts so schlimme Bauchkrämpfe bekam, da__ (_____) ich kaum noch gerade stehen konnte'! Ihr könnt euch da__ (_____) sicher gar nicht vorstellen. Mein Vater brachte mich sofort in da__ (_____) Städtische Krankenhaus, da__ (_____) ganz in unserer Nähe liegt. Der Arzt stellte sofort fest, da__ (_____) der Blinddarm entzündet war und da__ (_____) er sofort herausoperiert werden musste. Da__ (_____) gefiel mir zuerst gar nicht. Aber dann ging alles so schnell, da__ (_____) ich gar keine Angst bekommen konnte. Ich bekam eine Spritze und merkte nur noch, da__ (_____) man mich in ein großes Zimmer schob, da__ (_____) am Ende des Flures liegt. Als ich wieder aufwachte, sagte mir eine Schwester, da__ (_____) die Operation schon vorbei sei.
Inzwischen geht's mir schon wieder ganz gut. Da__ (_____) Essen schmeckt mir schon wieder. Da__ (_____) Mädchen, da__ (_____) neben mir im Zimmer liegt, ist richtig nett und lustig.
Glaubt ihr mir, da__ (_____) ich mich schon wieder riesig auf die Schule freue? Ich hoffe aber, da__ (_____) ihr die Mathearbeit schon geschrieben habt!

Viele Grüße, auch an die Lehrerinnen und Lehrer, eure

Carolin

2. Schreibe nun den Brief ohne die Klammern ab. Denke dabei

1. an die **richtige Schreibweise** von **das/dass**,
2. an eine möglichst **leserliche Schrift** und
3. an **Absätze**.

Der s-Laut

Rechtschreibung

das oder dass?

1. Schreibe in die Klammer hinter das Wort **da_** die Ersatzwörter *dieses* oder *welches*, wenn sie im Satz einen Sinn ergeben. Ergänze dann das **s** bei *das*. Wenn die Ersatzwörter nicht passen, streichst du die Klammer durch und ergänzt **ss** bei *dass*.

München, den 15.3.2002

Hallo, Klasse 6 a,

das (dieses) fand ich riesig nett von euch, **dass (–)** ihr mir gleich ins Krankenhaus geschrieben habt.
War **das (dieses)** vielleicht eine Aufregung, als ich nachts so schlimme Bauchkrämpfe bekam, **dass (–)** ich kaum noch gerade stehen konnte! Ihr könnt euch **das (dieses)** sicher gar nicht vorstellen. Mein Vater brachte mich sofort in **das (dieses)** Städtische Krankenhaus, **das (welches)** ganz in unserer Nähe liegt.
Der Arzt stellte sofort fest, **dass (–)** der Blinddarm entzündet war und **dass (–)** er sofort herausoperiert werden musste.
Das (Dieses) gefiel mir zuerst gar nicht. Aber dann ging alles so schnell, **dass (–)** ich gar keine Angst bekommen konnte. Ich bekam eine Spritze und merkte nur noch, **dass (–)** man mich in ein großes Zimmer schob, **das (welches)** am Ende des Flures liegt. Als ich wieder aufwachte, sagte mir eine Schwester, **dass (–)** die Operation schon vorbei sei.
Inzwischen geht's mir schon wieder ganz gut. **Das (Dieses)** Essen schmeckt mir schon wieder. **Das (Dieses)** Mädchen, **das (welches)** neben mir im Zimmer liegt, ist richtig nett und lustig.
Glaubt ihr mir, **dass (–)** ich mich schon wieder riesig auf die Schule freue? Ich hoffe aber, **dass (–)** ihr die Mathearbeit schon geschrieben habt!

Viele Grüße, auch an die Lehrerinnen und Lehrer,
eure
Carolin

Rechtschreibung **Lange Vokale**

Das hörbare h

Ich se__e gerade eine Sendung über Re__e im Fernse__en.

1. Lies den Inhalt der Sprechblase laut. Vervollständige die h-Wörter. Zerlege sie in Sprechsilben.
   Beispiel: sehe (se-he)

 Das *hörbare h* erleichtert oft die Aussprache. In manchen Wörtern ist das h leider unhörbar. Es gibt aber eine Möglichkeit es hörbar zu machen: Zerlege ein Wort in Sprechsilben und mache dazwischen eine kurze Sprechpause. Sprich deutlich, z.B. *se-hen*.

2. Zerlege in Sprechsilben. Achte auf das **h**.
   Beispiel: beinahe (bei-na-he)

   1. Unruhe   2. Mühe   3. Reihe   4. Brühe   5. ruhig   6. Höhe

 Manchmal musst du ein Wort erst verlängern um das h zu hören.
Beispiel: nah *(nä-her)*

3. Verlängere oder suche Wortverwandte. Zerlege auch in Sprechsilben.
   Beispiel: Floh (Flö-he)

   1. frü(h)   3. Schu(h)creme   5. fro(h)   7. mü(h)sam
   2. Ze(h)   4. ro(h)   6. Ku(h)stall 8. Gewei(h)

 Beim Verb musst du das h auch dann schreiben, wenn du die Verbform veränderst, z.B. sehen (Du *siehst.* Er *sah*.).

4. Wer findet die lustigsten Beleidigungen? Suche acht Verben aus. Kreise in jedem Wort das **h** ein.
   Beispiel: sehen: Du sie*h*st wie ein schlammbedeckter Mistkäfer aus.

   stehen – drehen – ziehen – drohen – leihen – gehen – verzeihen – fliehen – glühen – nähen – geschehen – wehen

5. In den rückwärts geschriebenen Wörtern fehlt das **h**. Schreibe den Witz richtig auf.

   „Papa", schreit die kleine Daniela aufgeregt, „*eg* nicht so *an* an den Fernseher!" – „Wieso denn nicht? Da *teihcseg* mir doch nichts", *tgiureb* sie der Vater. „Doch, *tseis* du denn nicht, wie erkältet der Ansager ist?"

Lange Vokale

Das hörbare h

Rechtschreibung

1. Lies den Inhalt der Sprechblase laut. Vervollständige die h-Wörter. Zerlege sie in Sprechsilben.

Ich sehe gerade eine Sendung über Rehe im Fernsehen.
se-he, Re-he, Fern-se-hen

2. Zerlege in Sprechsilben. Achte auf das **h**.

1. Unruhe (Un-ru-he)	3. Reihe (Rei-he)	5. ruhig (ru-hig)
2. Mühe (Mü-he)	4. Brühe (Brü-he)	6. Höhe (Hö-he)

3. Verlängere oder suche Wortverwandte. Zerlege auch in Sprechsilben.

1. früh (frü-her)	4. roh (ro-her)	7. mühsam (Mü-he)
2. Zeh (Ze-hen)	5. froh (fro-her)	8. Geweih (Ge-wei-he)
3. Schuhcreme (Schu-he)	6. Kuhstall (Kü-he)	

4. Wer findet die lustigsten Beleidigungen? Suche acht Verben aus. Kreise in jedem Wort das **h** ein.

du ste**h**st, du dre**h**st, du zie**h**st, du dro**h**st, du lei**h**st, du ge**h**st, du verzei**h**st, du flie**h**st, du glü**h**st, du nä**h**st, es geschie**h**t, er we**h**t

5. In den rückwärts geschriebenen Wörtern fehlt das **h**. Schreibe den Witz richtig auf.

„Papa", schreit die kleine Daniela aufgeregt, „**geh** nicht so **nah** an den Fernseher!" – „Wieso denn nicht? Da **geschieht** mir doch nichts", **beruhigt** sie der Vater. „Doch, **siehst** du denn nicht, wie erkältet der Ansager ist?"

Rechtschreibung **Lange Vokale**

Das unhörbare h (Teil 1)

„Kannst du die Uhr **stellen**?", hört Gnork ein Kind fragen.
Gnork ist ganz verwirrt: „Soll hier etwa eine Uhr **geklaut** werden?"

1. Wenn du die folgenden ähnlich klingenden Wörter undeutlich sprichst oder falsch schreibst, können leicht Missverständnisse entstehen.

   Lies die Wörter laut. Sprich die Vokale (Selbstlaute) deutlich lang oder kurz aus. Unterstreiche die langen Vokale. Unter kurze setzt du einen Punkt.
   Beispiel: H̲ü̲te – Hụ̈tte

   Höhle – Hölle, lahm – Lamm, Kahn – er kann, Stahl – Stall

2. Jedes der folgenden Wörter hat einen langen Vokal. Aber nicht hinter jedem steht ein **h**.

   1. Unterstreiche den Buchstaben, der **hinter** dem h steht.
      Beispiel: Büh̲ne

      Vase – klagen – Rahm – Sahne – verloben – Knoten – Pfahl – müde – Stuhl – Fahrt – Meter – Los – Wagen – bohren – Wohnung – Tod

   2. Ergänze den Tipp selbst.

   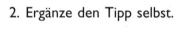

   **Schreibe h nach langem Vokal nur vor den vier Buchstaben
   __, __, __, __ .**

3. Suche mit den folgenden Buchstaben in der vorgegebenen Reihenfolge möglichst viele Wörter mit **h**. Achte auf die Großschreibung der Nomen.
   Beispiel: S + oh + n = Sohn, Uh + r + en = Uhren

1. Buchstabe	2./3. Buchstabe oder Wortanfang	4. Buchstabe	5./6. Buchstabe (kann entfallen)
b/B	ah		
f/F	eh		
k/K	oh	l	en
l/L	uh	m	er
m/M	äh	n	e
s/S	öh	r	
w/W	üh		

Lange Vokale

Rechtschreibung

Das unhörbare h (Teil 1)

1. Lies die Wörter laut. Sprich die Vokale (Selbstlaute) deutlich lang oder kurz aus. Unterstreiche die langen Vokale. Unter kurze setzt du einen Punkt.

   Höhle – Hölle, lahm – Lamm, Kahn – er kann, Stahl – Stall

2. Jedes der folgenden Wörter hat einen langen Vokal. Aber nicht hinter jedem steht ein **h**.

   1. Unterstreiche den Buchstaben, der **hinter** dem **h** steht.

   Vase – klagen – Rahm – Sahne – verloben – Knoten – Pfahl – müde – Stuhl – Fahrt – Meter – Los – Wagen – bohren – Wohnung – Tod

    2. Ergänze den Tipp selbst.

   • **Schreibe h nach langem Vokal nur vor den vier Buchstaben l, m, n, r.**

3. Suche mit den folgenden Buchstaben in der vorgegebenen Reihenfolge möglichst viele Wörter mit **h**. Achte auf die Großschreibung der Nomen.

   Richtige Wörter:

   Ohr, Uhr, ohne, ...

   Bahn, Bohne, Bühne, Bahre, bahnen, bohren, Bohrer, ...

   fahren, Fahne, Fuhre, führen, Führer, ...

   Kahn, Kähne, kahl, Kohl, kühl, Kuh, Kehle, Kohle, kühn, ...

   Lohn, lehnen, lahm, Lehm, Lehrer, Lehre, lehren, ...

   Mohn, mahnen, Mehl, mahlen, mehr, Mühle, Möhre, Mähne, ...

   Sahne, Sohn, Söhne, sehr, Sohle, ...

   wohnen, wählen, wühlen, Wahn, wehren, ...

Rechtschreibung

Lange Vokale

Das unhörbare h (Teil 2)

1. Gnork kommt bei seiner Erderkundung an einem Gasthof vorbei. Er hört aufgeregte Stimmen. Neugierig schleicht er sich hinein. Vor dem Speisesaal drängen sich viele Wörter. Für jedes ist mit seinen Familienangehörigen ein Platz an einem Tisch reserviert. Aber die Gäste haben sich falsch herum aufgestellt und suchen noch ihre Verwandten.

1. Sorge für die richtige Aufstellung jedes Gastes. Schreibe die Wörter richtig auf. Beispiel: lhüfeG: Gefühl

Als Gäste sind erschienen:

rerheL, hcubrheL, trheleg, rerhüfnA, emhanfuA, gnilrheL, mhenegna, relhefkcurD, nemhenna, gnurhafrE, trhafbA, tratslheF, dlegrhaF, lhefeB, niehcsrerhüF, darrhaF, nerhüfrev, ierfrelhef, gnurhüffuA, mhenrov

2. Setze die vier Familienangehörigen zusammen an einen Tisch. Unterstreiche die gemeinsamen Wortbausteine.
Beispiel: **Familie fühl** (nicht eingeladen): **Fühl**er, Ge**fühl**, ge**fühl**los, **fühl**en

 1 führ
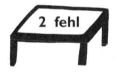 2 fehl
 3 fahr
 4 lehr
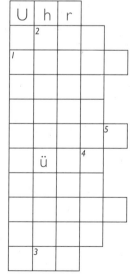 5 nehm

3. Suche weitere Verwandte für Tisch 3.

2. Rätsel (ü = 1 Buchstabe)
Die Lösungsbuchstaben ergeben einen Teil des Fußes.

1. Sie zeigt uns die Zeit an.
2. Verdienst
3. Erdbeeren schmecken gut mit ...
4. der Bruder der Tochter
5. ein anderes Wort für *Zug*
6. Aufführungsort im Theater
7. ein anderes Wort für *kalt*
8. Man beißt damit.
9. Sitzgelegenheit
10. Ein Monat ist der zwölfte Teil davon.
11. Wir hören damit.

U	h	r

Lange Vokale

Rechtschreibung

Das unhörbare h (Teil 2)

1. 1. Sorge für die richtige Aufstellung jedes Gastes. Schreibe die Wörter richtig auf.

Führerschein – Druckfehler – Abfahrt – Lehrer – annehmen – Lehrling – Befehl – vornehm – Anführer – Erfahrung – Aufnahme – Fahrgeld – Fehlstart – angenehm – Aufführung – Lehrbuch – Fahrrad – fehlerfrei – gelehrt – verführen

2. Setze die vier Familienangehörigen zusammen an einen Tisch. Unterstreiche die gemeinsamen Wortbausteine.

   1. Wortfamilie **führ**: F<u>führ</u>erschein, An<u>führ</u>er, Auf<u>führ</u>ung, ver<u>führ</u>en
   2. Wortfamilie **fehl**: Druck<u>fehl</u>er, Be<u>fehl</u>, <u>Fehl</u>start, <u>fehl</u>erfrei
   3. Wortfamilie **fahr**: Ab<u>fahr</u>t, Er<u>fahr</u>ung, <u>Fahr</u>geld, <u>Fahr</u>rad
   4. Wortfamilie **lehr**: <u>Lehr</u>er, <u>Lehr</u>ling, <u>Lehr</u>buch, ge<u>lehr</u>t
   5. Wortfamilie **nehm**: an<u>nehm</u>en, vor<u>nehm</u>, Auf<u>nahm</u>e, ange<u>nehm</u>

3. Weitere Wörter der Wortfamilie **fahr**:

   Fahrplan, Anfahrt, Ausfahrt, Fahrtdauer, Fahrtwind, Fahrschein, Fahrprüfung, Fahrkarte, Fahrkosten, fahrlässig, Fährmann, Fuhre, Fährschiff, Fahrgast, Fahrerflucht, Fahrer, Fahrgestell, Fahrerlaubnis, Fahrersitz, Fahrkomfort, Fahrrinne, Fahrschule, Fahrzeug, Fahrlehrer, Fahrgemeinschaft, ...

2. Rätsel

1. U h r
2. L o h n
3. S a h n e
4. S o h n
5. B a h n
6. B ü h n e
7. k ü h l
8. Z a h n
9. S t u h l
10. J a h r
11. O h r

Das Lösungswort heißt: Sohle.

Rechtschreibung

Lange Vokale

Das unhörbare h (Teil 3)

Im 15. Jahrhundert wurden die ersten Bücher gedruckt.
Die Buchdrucker fanden kurze Wörter mit einem niedrigen **m, n, r** oder einem schmalen **l** am Ende nicht so schön, vor allem dann, wenn ein Wort vor dem Vokal nur **einen** Buchstaben hatte, z. B. *Son, faren*. So gab man diesen Wörtern mit langen Vokalen aus künstlerischen Gründen ein unhörbares **h** als **Fettpolster**, z. B. **Sohn, fahren**.
Das **h** bekam auch die ganze Wortfamilie, z. B. *Stiefsohn, Fahrrad*.
Manche Wörter, wie *Plan*, brauchten kein **h** als Fettpölsterchen mehr, denn sie hatten schon eines, nämlich einen zweiten Buchstaben vor dem langen Vokal.

1. Auf Gnorks Heimatstern gibt es einige Vokale nicht. Deshalb lässt er bei den Erdlingen vorsichtshalber erst einmal bei Vokalen Lücken.

Wie heißen die fehlenden Vokale? Schreibe die Wörter vollständig auf.
Beispiel: Sch__le: Schule

sch__n (2x), schw__ren, Schn__r, schm__l, Besch__rung, Sch__re, Schw__n, Sch__l, Sp__lbecken, Sp__rkasse, St__rung, Pr__fung, Kr__n, Pl__n, zw__r, kl__r, Bl__te, St__rheit, emp__rt, Sp__r, gr__n, Bl__me, Erkl__rung, Kr__ne, qu__r, Str__m, Tr__ne, Thr__n, qu__len, sich sch__men

**Präge dir die Ausnahmen ohne Fettpolster ein:
Name, nämlich, Dame, dämlich, tun, hören, Tür, Tor, gar, holen, Märchen, Öl, Ware, Tal, Ton, Maler, Dom, Düne.**
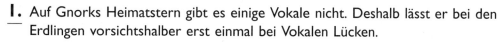

2. Ordne die Wörter des letzten Tipps nach dem Alphabet.
Streiche die verwendeten Wörter.

3. Lege im Heft die folgende Tabelle an.

Wörter mit Dehnungs-h	Wörter ohne Dehnungs-h
Sahne	Dame

Trage die folgenden Wörter in die Tabelle ein. Wenn du es richtig gemacht hast, stehen neun Wörter in jeder Spalte.

Sa(h)ne – Da(h)me – Wo(h)nung – wä(h)len – quä(h)len – schä(h)len – To(h)n – So(h)n – fü(h)ren – spü(h)ren – Hö(h)rer – Ke(h)le – Ta(h)l – Za(h)l – Abfa(h)rt – nä(h)mlich – se(h)r – schwe(h)r

Lange Vokale

Rechtschreibung

Das unhörbare h (Teil 3)

1. Wie heißen die fehlenden Vokale? Schreibe die Wörter vollständig auf.

schön – schon, schwören, Schnur, schmal, Bescherung, Schere, Schwan, Schal, Spülbecken, Sparkasse, Störung, Prüfung, Kran, Plan, zwar, klar, Blüte, Sturheit, empört, Spur, grün, Blume, Erklärung, Krone, quer, Strom, Träne, Thron, quälen, sich schämen

2. Ordne die Wörter des letzten Tipps nach dem Alphabet. Streiche die verwendeten Wörter.

Dame, dämlich, Dom, Düne, gar, holen, hören, Maler, Märchen, Name, nämlich, Öl, Tal, Ton, Tor, tun, Tür, Ware

3. Trage die folgenden Wörter in die Tabelle ein. Wenn du es richtig gemacht hast, stehen neun Wörter in jeder Spalte.

Wörter mit Dehnungs-h	Wörter ohne Dehnungs-h
Sahne	Dame
Wohnung	quälen
wählen	schälen
Sohn	Ton
führen	spüren
Kehle	Hörer
Zahl	Tal
Abfahrt	nämlich
sehr	schwer

Fachwörter-Memory

Spielt nach den Memory-Regeln. Ein Spieler darf das Paar behalten, wenn er einen Satz bildet, in dem er das Wort, den Fall oder das Satzglied benennen kann.

Namenwort	Wiewort	Begleiter	Satz-aussage
Tunwort	Fürwort	Satz-gegenstand	Satz-ergänzung
1. Fall	2. Fall	3. Fall	4. Fall

Nomen	Adjektiv	Artikel	Prädikat
Verb	Pronomen	Subjekt	Objekt
Nominativ	Genitiv	Dativ	Akkusativ

Lernschieber als/wie

wie	Jasmin rechnet im Kopf so schnell ____ Jan.
als	Das Mädchen ist schon größer ____ seine Mutter.
wie	Tims Schultasche ist schwerer ____ ein Sack voller Steine.
als	Die Kinder sind so aufgeregt ____ ein Sack voller Flöhe.
wie	Der Baum ist höher ____ das Hausdach.
wie	Gemüse ist gesünder ____ Schokolade.
wie	Der gelbe Luftballon ist so groß ____ der rote.
als	Svens Fahrrad ist größer ____ Jessicas Rad.
wie	Das Loch in Leos Hose ist kleiner ____ das Loch in Sarahs Hose.
als	Das Erdbeereis schmeckt so süß ____ Zucker.

hier knicken   *Klebekante*

| wie | als |

| Der Baum ist höher | als | das Hausdach. |

wie	Die Ameise ist so winzig ____ ein Stecknadelkopf.
als	Heute ist meine Schultasche leichter ____ deine.
als	Gestern war meine Schultasche genauso leicht ____ deine.
wie	Die Collage von Nora wirkt farbiger ____ Steffens Bild.
als	Tobias läuft so schnell ____ Mara.
als	Gestern war das Wetter nicht so schön ____ heute.
wie	Die Spagetti schmecken so gut ____ immer.
als	Das Wasser ist heute kälter ____ gestern.
als	Ich schwebe ____ auf einer Wolke.
wie	Das alte Brot ist härter ____ ein Stein.

- Schneide die Satzstreifen und den Lernschieber aus.
- Falte den Lernschieber und klebe ihn an den Kanten zusammen.
- Setze das passende Wort mithilfe des Lernschiebers ein.
- Kontrolliere mit dem Lösungswort auf der Rückseite.

Kreiselspiel

Suche in der Wörterliste drei Wörter mit doppeltem Mitlaut. Schreibe sie getrennt auf. *Schif-fe*	Schreibe drei Adjektive in der Grundstufe und in der Höherstufe auf. *nett – netter*	Schreibe vier Wörter mit -**ah**- oder -**oh**- auf. *nah*	Schreibe vier Verben mit der Vorsilbe **ver**- oder **vor**- auf. *verbrennen*
Schreibe eine wörtliche Rede mit Redebegleitsatz hinten auf. *„Ich habe Hunger", sagt er.*	Schreibe einen Satz mit möglichst vielen Wörtern aus der Wörterliste auf.	Schreibe drei Wörter mit doppeltem Selbstlaut auf. *Moos*	Schreibe fünf Wörter mit **ss** auf. *Tasse*
Wähle fünf Arbeitswörter aus. Schreibe sie getrennt auf. *tren-nen*	Schreibe drei Wörter mit **ß** auf. *heiß*	**PAUSE** Lasse dir von einem Partner leicht den Rücken massieren.	Schreibe einen Satz mit **in**, **ihn**, **im** oder **ihm** auf. *Er geht in die Schule.*
Bilde mit drei Wörtern aus der Wörterliste zusammengesetzte Wörter. *spiegelglatt Nähmaschine*	Suche fünf Arbeitswörter mit den Nachsilben -**heit**, -**keit** oder -**lich**. *freundlich*	Schreibe fünf Arbeitswörter mit **ck** getrennt auf. *er-schre-cken*	Schreibe ein Arbeitswort als Bild. **BRÜCKEBRÜCKE BRÜC KEBR ÜCK EBR ÜC KE**

Spielanleitung:

- Falte das Blatt zu einer Schachtel.
- Befestige die Laschen mit einer Büroklammer.
- Setze einen Kreisel in Bewegung.
- Übe mit den Wörtern aus der Wörterliste.

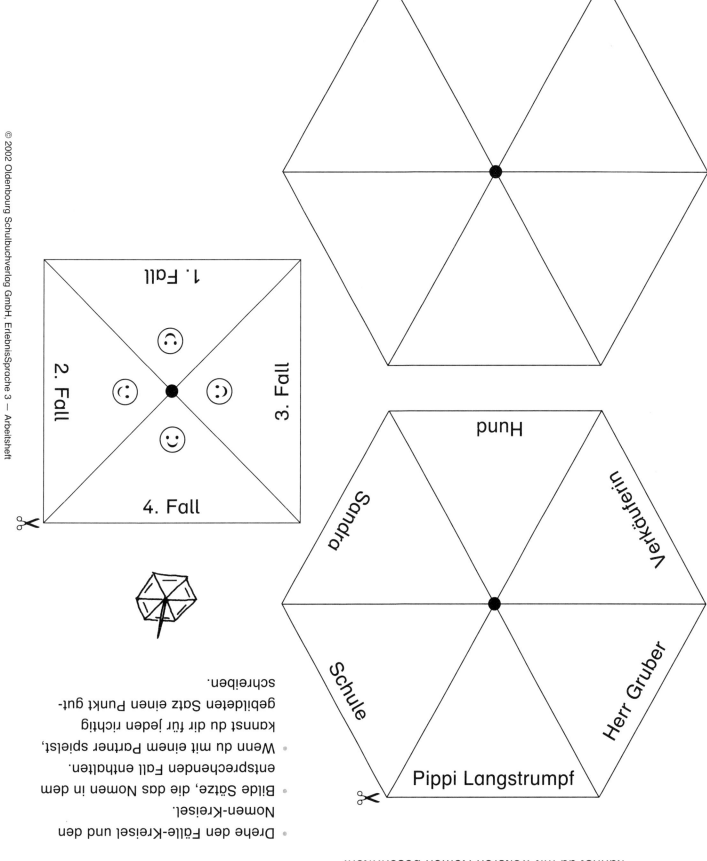

Rechtschreibung

Doppelvokale (Teil 1)

Lange Vokale

 Rätsel
Setze diese Wörter so ein, dass die Doppelvokale in den umrandeten Kästchen stehen.

Armee – Haar – Tee – Speer – Meer – Paar – Beet – Zoo – Schnee – Allee – Teer – Idee – Waage – See – Moor – leer – Boot – Saal – Fee – Kleeblatt – Kaffee – Seele

1. Blumen wachsen in einem ...
2. Tierpark
3. ein vierblättriger Glücksbringer
4. ohne Inhalt
5. Soldaten gehören zu einer ...
6. Gerät zum Wiegen
7. Wohnort der Wale
8. Sumpflandschaft
9. Märchengestalt
10. zwei zusammengehörige Schuhe
11. Wasserfahrzeug
12. Wurfgerät
13. Getränk aus gemahlenen Bohnen
14. Niederschlag im Winter
15. von Bäumen umrandete Straße
16. großer Raum
17. Einfall
18. unsterblicher Teil des Menschen
19. angeborene Kopfbedeckung des Menschen
20. großer Teich
21. Straßenbelag
22. Getränk aus getrockneten Blättern

Kopiervorlage

Lange Vokale

Doppelvokale (Teil 1)

Rechtschreibung

Rätsel
Setze diese Wörter so ein, dass die Doppelvokale in den umrandeten Kästchen stehen.

1. Beet
2. Zoo
3. Kleeblatt
4. leer
5. Armee
6. Waage
7. Meer
8. Moor
9. Fee
10. Paar
11. Boot
12. Speer
13. Kaffee
14. Schnee
15. Allee
16. Saal
17. Idee
18. Seele
19. Haar
20. See
21. Teer
22. Tee

Rechtschreibung

Lange Vokale

Doppelvokale (Teil 2)

Brot − r + o = Boot

Buchstabenrätsel

1. Sicher hast du schon einmal Bilderrätsel gelöst.
Bei den folgenden Rätseln fehlen die Bilder. Streiche zuerst die Buchstaben durch, die du abziehen sollst. Füge dann die neuen Buchstaben ein. Schreibe die neuen Wörter auf. Achte auf die Großschreibung der Nomen.

Beispiel: Stall − t − l + a = Saal

1. sparen − s − en + a = _____
2. Kleid − id + e = _____
3. Blatt − bl − t + s + a = _____
4. Wort − w − t + m + o = _____
5. Falle − f + e = _____
6. Erbarmen − erb − n + e = _____
7. Waffe − w + k + e = _____
8. Schneider − id − r = _____
9. Start − r + a = _____
10. Wiege − ie + aa = _____

2. Wie heißt die „Rechenaufgabe"?
Birne → Beere
Bart → Haar

3. Nimm dir die Wörter mit den Doppelvokalen von Teil 1 (vorige Seite) vor und versuche wie bei Aufgabe 2 eigene Rätsel zu erfinden. Deine Partnerin oder dein Partner soll raten.

Lange Vokale

Rechtschreibung

Doppelvokale (Teil 2)

Buchstabenrätsel

1. Schreibe die neuen Wörter auf. Achte auf die Großschreibung der Nomen.

1. paar, Paar
2. Klee
3. Saat
4. Moor
5. Allee
6. Armee
7. Kaffee
8. Schnee
9. Staat
10. Waage

2. Wie heißt die „Rechenaufgabe"?
Birne – i – n + e + e = Beere
Bart – B – t + H + a = Haar

Rechtschreibung

i oder ie?

Lange Vokale

Glücklicherweise ist die Entscheidung gar nicht schwer, wenn man zwei Kontrollfragen stellt.

Du fragst: *Wird das i lang gesprochen?* Sprich dazu die i-Wörter deutlich. Denn nur Wörter mit lang gesprochenem i werden mit *ie* geschrieben, z. B. fielen.

1. Lies die Wörter laut. Die Wörter mit langen i-Lauten ergeben einen Satz.
hier – finden – quieken – Kinder – Witze – wieder – mit –
vier – Tricks – niedliche – bitten – blinde – Tiere

2. Holger ist mit Dieter auf dem Fußballplatz. „Kannst du dich noch erinnern, wie wir im letzten Winter schon einmal auf diese Mannschaft stießen?", fragt er Dieter, „da benahmen sie sich doch auch wie die Wilden und ließen nicht mit sich reden. Ich finde, wir sollten lieber auf Freundschaftsspiele mit denen verzichten."

1. Sortiere die Wörter mit i-Lauten nach **i** und **ie**.
2. Zerlege diese Wörter (wenn möglich) in Sprechsilben.
3. Unterstreiche **i** und **ie**. Wo stehen **i** und **ie** in den Sprechsilben?

Wörter mit i	Wörter mit ie
ist (ist)	Dieter (Die-ter)

Am Ende der Sprechsilbe steht meistens *ie*, im Innern der Silbe nur *i*. Du fragst: *Steht der i-Laut am Silbenende?* Wenn ja, schreibst du ihn meistens mit *ie*, z. B. vie-le. (Ausnahmen: hier, er hielt, er liest, piepsen, quietschen, ziemlich.)

3. i oder ie? Schreibe die Wörter auch in Sprechsilben.
Beispiel: Hiebe (Hie-be), Kinder (Kin-der)

F___ber, verl___ren, B___lder, Sch___nen, W___nde, B___ne, g___rig, W___ssen, T___re, s___ schr___ben, Sp___gel, s___ s___ngen

Manchmal musst du den i-Laut erst ans Silbenende bringen. Dazu musst du Wortverwandte suchen, z. B. Sieg (Sie-ge).

4. Verlängere oder suche Wortverwandte.
Beispiel: Sieg (Sie-ge)
Z___l, du f___lst, T___rschutz, B___rfass, er fl___ßt, sch___f, l___b

Lange Vokale

Rechtschreibung

i oder ie?

1. Die Wörter mit langen i-Lauten ergeben einen Satz.

Hier quieken wieder vier niedliche Tiere.

2. Holger ist mit Dieter auf dem Fußballplatz ...

1. Sortiere die Wörter mit i-Lauten nach **i** und **ie**.
2. Zerlege diese Wörter (wenn möglich) in Sprechsilben.
3. Wo stehen **i** und **ie** in den Sprechsilben?
   i steht im Innern, **ie** am Ende der Sprechsilbe.

Wörter mit i	Wörter mit ie
ist	Dieter (Die-ter)
mit	wie
dich	diese (die-se)
erinnern (er-in-nern)	stießen (stie-ßen)
wir	sie
im	die
Winter (Win-ter)	ließen (lie-ßen)
sich	lieber (lie-ber)
Wilden (Wil-den)	Freundschaftsspiele
nicht	(Freund-schafts-spie-le)
ich	
finde (fin-de)	
verzichten (ver-zich-ten)	

3. i oder ie? Schreibe die Wörter auch in Sprechsilben.

Fieber (Fie-ber), verlieren (ver-lie-ren), Bilder (Bil-der), Schienen (Schie-nen), Winde (Win-de), Biene (Bie-ne), gierig (gie-rig), Wissen (Wis-sen), Tiere (Tie-re), sie schrieben (schrie-ben), Spiegel (Spie-gel), sie singen (sin-gen)

4. Verlängere oder suche Wortverwandte.
Ziel (Zie-le), du fielst (sie fie-len), Tierschutz (Tie-re), Bierfass (Bie-re), er fließt (sie flie-ßen), schief (schie-fer), lieb (lie-ber)

Rechtschreibung

Lange Vokale

Fremdwörter mit i

Bei einigen Wörtern endet eine Silbe mit langem *i*. Trotzdem schreibt man sie nicht mit ie. Merke sie dir:
Tiger – Krokodil – Biber – Igel – Baustil – Klima – Krise – Kamin – Musik – Augenlid – Benzin – Automobil – Goldmine – Kusine – Apfelsine – Gardine – Lawine – Margarine – Kantine – Maschine – Bibel – Klinik – Vitamine – Termin.

1. Ordne die im Tipp genannten Wörter nach dem Alphabet. Streiche die verwendeten Wörter.

2. **Silbenrätsel.** Streiche die verwendeten Silben.

Ap – be – Ben – Bie – chen – der – dil – fel – Flie – ga – ge – Ka – Kli – ko – krie – Kro – Ku – leicht – len – Lie – ma – Mar – Mie – min – ne – ne – ne – ne – ne – nie – Nie – nik – ri – Rie – rig – schi – schie – schwie – se – sen – si – si – te – te – viel – Wasch – wie – zin

1. Los ohne Gewinn — N _____
2. nicht leicht — S _____
3. ein anderes Wort für *Orange* — A _____
4. im Wasser lebendes Raubtier — K _____
5. starke Zuneigung — L _____
6. Man tankt es. — B _____
7. lästiges Insekt — F _____
8. monatliche Kosten für die Wohnung — M _____
9. Wer „hatschi" sagt, muss … — n _____
10. nützliches Insekt — B _____
11. einen Augenfehler haben — s _____
12. übergroßer Mensch — R _____
13. Schornstein — K _____
14. möglicherweise — v _____
15. noch einmal — w _____
16. Haushaltsgerät — W _____
17. auf allen vieren gehen — k _____
18. anderes Wort für *Krankenhaus* — K _____
19. Tochter des Onkels — K _____
20. Brotaufstrich — M _____

Lange Vokale

Rechtschreibung

Fremdwörter mit i

1. Ordne die im Tipp genannten Wörter nach dem Alphabet.

Apfelsine – Augenlid – Automobil – Baustil – Benzin – Bibel – Biber – Gardine – Goldmine – Igel – Kamin – Kantine – Klima – Klinik – Krise – Krokodil – Kusine – Lawine – Margarine – Maschine – Musik – Termin – Tiger – Vitamine

2. Silbenrätsel

1. Niete
2. schwierig
3. Apfelsine
4. Krokodil
5. Liebe
6. Benzin
7. Fliege
8. Miete
9. niesen
10. Biene
11. schielen
12. Riese
13. Kamin
14. vielleicht
15. wieder
16. Waschmaschine
17. kriechen
18. Klinik
19. Kusine
20. Margarine

Rechtschreibung

Lange Vokale

Wörter mit ih

> **!** Nur wenige Wörter mit langen i-Lauten werden mit *ih* geschrieben:
> *ihr, ihm, ihn, ihnen, ihrer, ihrem, ihren*.
> **Beispiel: Wir besuchen *ihn* (den alten Klassenlehrer).**

1. Setze die folgenden Wörter sinnvoll ein.

ihnen – ihm – ihn – ihr – ihren – ihrer

1. Das Krokodil nähert sich _____ (der Urlauberin) lautlos.
2. Gefällt es _____ (den Freunden) im Urlaub?
3. Wir spielen gleich mit _____ (dem Vater) Tischtennis.
4. Hat sie schon _____ Hund an die Leine genommen?
5. Der Bruder _____ Mutter lebt schon lang in Amerika.
6. Der Tiger beobachtete _____ (den Wärter) erst lang.

> **!** *Ihn* und *in* kannst du leicht verwechseln.
> **Schreibe *ihn*, wenn das Wort für eine Person oder Sache steht,**
> z. B.: Ich entdeckte *ihn*. Wir sahen *ihre* Mutter.
> *In* gehört zu einer Orts- oder Zeitangabe, z. B.: *In* einer Stunde bin
> ich *in* Hamburg.

2. Gnork möchte wissen, welche Informationen die Erdlinge schon über seinen Heimatstern haben, und lässt sich in ein Weltraumlabor einschließen. In der Schublade eines Schreibtisches stößt er auf folgende verschlüsselte Notizen.

Entschlüssele die Notizzettel.

Dubu gebehst mibit ibihm ibins Kibinobo? Habast dubu ibihn schobon gebefrabagt? Ibich hababebe ibihn schobon labang nibicht mebehr gebesebeheben. Lebetztebe Wobochebe hababebe ibich ibihn abam Tebelebefobon gebefrabagt, obob ibihm ebetwabas pabassiebiert seibei. Ibich hababebe ibihn fübür näbächsteben Sobonntabag eibeingebelabadeben.

Ibin eibeineber Stubundebe wibill ibich ibin diebie Stabadt fabahreben. Ibim Aubautobo ibist ebes mibir zubu heibeiß. Ibim Sobommeber nebehmebe ibich liebieber dabas Fabahrrabad. Deben Webeg schabaffebe ibich ibin eibeineber Viebiertebelstubundebe ubund ibin deber Ibinnebenstabadt hababebe ibich webenibigstebens keibeineb Pabarkprobobleb emebe.

Kabannst dubu ibihn ibim Aubautobo mibitnebehmeben? Möböchtebest dubu mibit ibihm ibin zweibei Stubundeben beibei mibir seibein? Hobolebe ibihn abam bebesteben gleibeich abab.

Kopiervorlage **47** R

Lange Vokale

Rechtschreibung

Wörter mit ih

1. Setze die folgenden Wörter sinnvoll ein.

1. Das Krokodil nähert sich ihr lautlos.
2. Gefällt es ihnen im Urlaub?
3. Wir spielen gleich mit ihm Tischtennis.
4. Hat sie schon ihren Hund an die Leine genommen?
5. Der Bruder ihrer Mutter lebt schon lang in Amerika.
6. Der Tiger beobachtete ihn erst lang.

2. Entschlüssele die Notizzettel.

Du gehst mit ihm ins Kino? Hast du ihn schon gefragt? Ich habe ihn schon lang nicht mehr gesehen. Letzte Woche habe ich ihn am Telefon gefragt, ob ihm etwas passiert sei. Ich habe ihn für nächsten Sonntag eingeladen.

In einer Stunde will ich in die Stadt fahren. Im Auto ist es mir zu heiß. Im Sommer nehme ich lieber das Fahrrad. Den Weg schaffe ich in einer Viertelstunde und in der Innenstadt habe ich wenigstens keine Parkprobleme.

Kannst du ihn im Auto mitnehmen? Möchtest du mit ihm in zwei Stunden bei mir sein? Hole ihn am besten gleich ab.

Rechtschreibung

Kurze Vokale

Der hörbare Unterschied

1. Eines Nachts schläft Gnork inmitten einer Schafherde. In sein Tagebuch schreibt er am nächsten Tag, was er den Schäfer undeutlich hat sagen hören:
Ein Lahm ist lamm.

   Wie heißt die Aussage des Schäfers richtig?

   _____

   Wenn du deutlich sprichst, kannst du hören, ob ein Vokal lang oder kurz gesprochen wird.
   Beispiel: er kam – Kamm, Miete – Mitte

2. Suche Reimwörter mit kurzen Vokalen.

Lamm	**rennen**	**Kissen**	**Wanne**	**Gruppe**
St_____	br_____	w_____	Pf_____	S_____
Schl_____	k_____	B_____	T_____	Tr_____
K_____	n_____	verm_____	K_____	P_____
Schw_____	p_____		P_____	

3. Eine Schulklasse ist auf ihrem Wandertag in die Hände des dreiäugigen, bärenstarken Gartenzwergs Xenofatz geraten. Auf der Pinnwand in der Küche entdecken die Schüler einen Zettel, den sie nicht verstehen. Doch da findet Birgit, die Klassensprecherin, etwas heraus: Der Zwerg hat Wörter mit kurzen Vokalen unter Wörtern mit langen Vokalen versteckt. Nur die Wörter mit den kurzen Vokalen gelten. Was plant der Zwerg als Mittagessen?

   1. Lies dazu die Wörter laut. Markiere die langen betonten Vokale mit einem Strich und die kurzen betonten mit einem Punkt. Streiche die Wörter mit langen Vokalen.
   2. Was steht auf dem Speisezettel?

   SPEISEZETTEL

   Als – früh – Tee – Suppe – liebe – bringe – ich – du – Bier – Essigwasser – oben – mit – Rahm – Pfeffer – oder – und – Gemüse – Rattenschwänzen – Kohl.
   Alle – viele – klugen – dünnen – Kinder – Mädchen – sollen – riechen – alte – große – Käfer – Spinnen – Braten – mit – nie – öligen – Brennnesseln – Nudeln – essen – holen.
   Dumme – mutige – Jungen – Buben – fahren – müssen – Maden – frische – klare – Vögel – Quallen – spielen – her – sammeln – verzehren – und – essen – graben.

Kurze Vokale

Der hörbare Unterschied

1. Wie heißt die Aussage des Schäfers richtig?
Ein Lamm ist lahm.

2. Suche Reimwörter mit kurzen Vokalen.

Lamm	rennen	Kissen	Wanne	Gruppe
Stamm	brennen	wissen	Pfanne	Suppe
Schlamm	kennen	Bissen	Tanne	Truppe
Kamm	nennen	vermissen	Kanne	Puppe
Schwamm	pennen		Panne	

3. Was plant der Zwerg als Mittagessen?

1. Lies dazu die Wörter laut. Markiere die langen betonten Vokale mit einem Strich und die kurzen betonten mit einem Punkt. Streiche die Wörter mit langen Vokalen.

Speisezettel

Als – früh – Tee – Suppe – liebe – bringe – ich – du – Bier – Essigwasser – oben – mit – Rahm – Pfeffer – oder – und – Gemüse – Rattenschwänzen – Kohl.
Alle – viele – klugen – dünnen – Kinder – Mädchen – sollen – riechen – alte – große – Käfer – Spinnen – Braten – mit – nie – öligen – Brennnesseln – Nudeln – essen – holen.
Dumme – mutige – Jungen – Buben – fahren – müssen – Maden – frische – klare – Vögel – Quallen – spielen – her – sammeln – verzehren – und – essen – graben.

2. Was steht auf dem Speisezettel?

Möglichkeit:

Als Suppe bringe ich Essigwasser mit Pfeffer und Rattenschwänzen.
Alle dünnen Kinder sollen alte Spinnen mit Brennnesseln essen.
Dumme Jungen müssen frische Quallen sammeln und essen.

Rechtschreibung **Kurze Vokale**

Verdoppelung und Häufung von Konsonanten (Teil 1)

Wunderbar, diese sonnigen Strände hier! Aber warum schreibt ihr bloß *sonnig* mit **nn** und *Strände* nur mit einem **n**?

Der Silbentrick hilft dir den doppelten Konsonanten herauszuhören. Dann bist du auch beim Schreiben sicher.

1. Lege im Heft die folgende Tabelle an.

Konsonantenverdoppelung	keine Verdoppelung
al-le	El-tern

1. Trage die folgenden Wörter, in Sprechsilben zerlegt, in die richtige Spalte ein.

   Eltern – alle – Hunde – Klasse – Stelle – finden – winken – Rüssel – Länder – Ratte – Keller – Schlüssel – Kälte – Teppich – Spinne – Felder – Betten – selten – Pfanne – Kinder – tasten

2. Sprich die Sprechsilben deutlich. Wie viele l hörst und siehst du bei *al-le* und bei *El-tern*?

! Zerlege bei Unsicherheiten ein Wort in Sprechsilben. Sprich die einzelnen Silben deutlich. Mache zwischen ihnen eine kurze Sprechpause. Wenn du am Ende der ersten und am Anfang der zweiten Silbe denselben Konsonanten hörst, musst du verdoppeln.

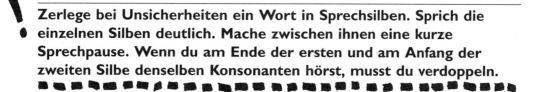

2. Schreibe die Fabel richtig. Zerlege dazu die Wörter mit den eingeklammerten Buchstaben in Sprechsilben.
Beispiel: Einige Haie schwam(m)en ...: Einige Haie schwammen (schwam-men) ...

Der Hai und der kleine Fisch

Einige Haie schwam(m)en um eine In(n)sel herum. Auf einmal sah einer von ihnen zufäl(l)ig am Ran(n)de des Stran(n)des einen Fisch zap(p)eln, der in die Richtung des Ufers gespült wor(r)den war. Der Hai freute sich schon auf das gute Mit(t)ages(s)en, aber die Wel(l)en trieben den kleinen Fisch im(m)er weiter, bis er schließlich verschwun(n)den war. Spöt(t)isch meinte der Hai zu den an(n)deren Raubfischen: „Der hat(t)e mir zu viele dün(n)e Gräten!"

(Schüler einer 6. Klasse)

© Ernst Klett Verlag GmbH, Stuttgart 1995.
Von dieser Druckvorlage ist die Vervielfältigung für den eigenen Unterrichtsgebrauch gestattet.
Die Kopiergebühren sind abgegolten.

Kopiervorlage

Kurze Vokale

Rechtschreibung

Verdoppelung und Häufung von Konsonanten (Teil 1)

Der Silbentrick hilft dir den doppelten Konsonanten herauszuhören. Dann bist du auch beim Schreiben sicher.

1. Lege im Heft die folgende Tabelle an.

1. Trage die folgenden Wörter, in Sprechsilben zerlegt, in die richtige Spalte ein.

Konsonantenverdoppelung	keine Verdoppelung
al-le	El-tern
Klas-se	Hun-de
Stel-le	fin-den
Rüs-sel	win-ken
Rat-te	Län-der
Kel-ler	Käl-te
Schlüs-sel	Fel-der
Tep-pich	sel-ten
Spin-ne	Kin-der
Bet-ten	tas-ten
Pfan-ne	

2. Sprich die Sprechsilben deutlich. Wie viele l hörst und siehst du bei *al-le* und bei *El-tern*?
Bei *al-le* sind deutlich zwei l, bei *El-tern* ist ein l herauszuhören.

2. Schreibe die Fabel richtig. Zerlege dazu die Wörter mit den eingeklammerten Buchstaben in Sprechsilben.

Der Hai und der kleine Fisch

Einige Haie schwammen (schwam-men) um eine Insel (In-sel) herum. Auf einmal sah einer von ihnen zufällig (zu-fäl-lig) am Rande (Ran-de) des Strandes (Stran-des) einen Fisch zappeln (zap-peln), der in die Richtung des Ufers gespült worden (wor-den) war. Der Hai freute sich schon auf das gute Mittagessen (Mit-tag-es-sen), aber die Wellen (Wel-len) trieben den kleinen Fisch immer (im-mer) weiter, bis er schließlich verschwunden (ver-schwun-den) war. Spöttisch (Spöt-tisch) meinte der Hai zu den anderen (an-de-ren) Raubfischen: „Der hatte (hat-te) mir zu viele dünne (dün-ne) Gräten!"

Rechtschreibung

Kurze Vokale

Verdoppelung und Häufung von Konsonanten (Teil 2)

 1. Wer findet die meisten Wörter mit doppeltem Konsonanten? Über 30 sollten es schon sein!

Nimm dir nacheinander aus jeder Buchstabenspalte passende Buchstaben und setze damit Wörter mit doppeltem Konsonanten zusammen. Die erste und letzte Spalte kannst du, musst du aber nicht verwenden.
Beispiel: b – e – ll – en, a – ll – e

Achte darauf, dass du die Nomen großschreibst.

1. Buchstabe	2. Buchstabe	3./4. Buchstabe	5./6. Buchstabe
b/B		ll	e
f/F	a	mm	el
h/H			
k/K	e	nn	er
l/L			
m/M	i	pp	en
n/N			
p/P	o	rr	
r/R			
s/S	u	tt	
t/T			
w/W			

Warum heißt es denn „Der Hund *bellte*"? Wenn ich *bell-te* trenne, höre ich doch nur ein l.

Bellte kommt aus der Wortfamilie *bellen*. Der doppelte Konsonant wird in allen Verbformen beibehalten, z. B.: Schnuffel hat ge*bell*t. *Bell*st du?

 2. Stelle die Wörter nach ihren Wortfamilien zusammen.
Streiche die verwendeten Wörter.
Beispiel: rennen – Rennbahn – ranntest – gerannt

~~rennen~~ – kannst – stelltest – ~~Rennbahn~~ – getroffen – willst – schaffte – gestellt – Fallgrube – treffen – gewollt – sollst – geschafft – fällst – schaffen – konnte – Treffpunkt – konntest – ~~ranntest~~ – Stelle – triffst – sollten – kennen – (es) gefällt – ~~gerannt~~ – schaffst – können – kennst – wolltest – sollen – gekonnt – gekannt – Wille – kanntest – stellen – fallen

Kurze Vokale

Rechtschreibung

Verdoppelung und Häufung von Konsonanten (Teil 2)

1. Wer findet die meisten Wörter mit doppeltem Konsonanten? Über 30 sollten es schon sein!

Richtige Wörter:
Butter, Mutter, Kutter, Kittel, Ritter, Sippe, Suppe, Motte, Matte, Mitte, Futter, Fett, Ballen, Bulle, Ratte, Lippe, Wippe, Rippe, Sippe, Kippe, Kappe, Kuppe, Kinn, Sinn, Pappel, Tanne, tippen, tappen, Latte, Lotte, Himmel, Hummel, Hammel, Lamm, Fell, Wille, wirr, nett, matt, lallen, hallen, satt, hell, Fall, Falle, Rille, Pille, Puppe, Suppe, Mann, sollen, wollen, rollen, toll, Ball, Keller, ...

2. Stelle die Wörter nach ihren Wortfamilien zusammen.

kannst – konnte – konntest – können – gekonnt
stelltest – gestellt – Stelle – stellen
getroffen – treffen – Treffpunkt – triffst
willst – gewollt – wolltest – Wille
schaffte – geschafft – schaffen – schaffst
Fallgrube – fällst – fallen – (es) gefällt
sollst – sollten – sollen
kennen – kennst – gekannt – kanntest

Rechtschreibung

Kurze Vokale

Verdoppelung und Häufung von Konsonanten (Teil 3)

> Bei einsilbigen Wörtern, wie *Herr*, musst du verlängern oder einen Wortverwandten suchen. Erst dann kannst du das Wort in Sprechsilben zerlegen und den doppelten Konsonanten hören, z.B. *Her-ren*.

1. Setze die passenden doppelten Konsonanten ein. Schreibe die Wörter auf und zerlege die Verlängerungen in Sprechsilben.

1. Bilde den Plural (Mehrzahl).
   Beispiel: Ma*nn* (Mä*n-n*er),
   er gri*ff* (sie gri*f-f*en)

   Fa___, Da___, sie pfi___, Si___,
   Felsenri___

2. Steigere. Beispiel: he*ll* – he*l-l*er

   ne___, schla___, gla___, kru___,
   gre___, ma___

3. Verlängere oder suche Wortverwandte.
   Beispiel: Pfa*nn*kuchen (Pfa*n-n*e),
   kle*in* (kle*i-n*er)

   Sü___chen,
   So___tag, Schwi___becken,
   Scha___ner, Ke___tnis,
   Re___wagen, Ste___fläche,
   Sa___lung

2.  Gnork ist ganz verzweifelt. Ein vierbeiniges, knurrende Laute ausstoßendes Wesen mit struppigem Fell hat sich nämlich auf den Wörtervorrat in seinem Weltraumrucksack gestürzt, die Buchstaben l mit Knochen verwechselt und sie weggeschleppt. Gnorks verzweifelte Versuche mit seiner Antenne das Lebewesen zu orten scheitern.

Hilf Gnork die Wörter wieder zu vervollständigen. Manchmal musst du dafür die Wörter verlängern.

1. ka___t, Wa___d, We___e, We___t, Ha___e, Fa___e, ba___d

2. Schu___d, Vo___k, Küh___er, Fa___te, so___en, Ke___er, a___e

3. Pi___e, Gewa___t, bi___ig, schne___, Qua___e, Ge___d, He___d

4. Bri___e, Que___e, me___den, Spa___te, Scha___ter, Fe___d, Bi___d

3. Fünfmal hat Jörg nicht verdoppelt. Schreibe richtig.

Kanst du den nicht heute zu mir komen? Bringe dan doch unbedingt ale alten Bücher aus unserem Versteck mit!
Jörg

Kurze Vokale
Rechtschreibung

Verdoppelung und Häufung von Konsonanten (Teil 3)

1. Setze die passenden doppelten Konsonanten ein. Schreibe die Wörter auf und zerlege die Verlängerungen in Sprechsilben.

1. Bilde den Plural (Mehrzahl).

   Fall (Fäl-le), Damm (Däm-me), sie pfiff (sie pfif-fen), Sinn (Sin-ne), Felsenriff (Fel-sen-rif-fe)

2. Steigere.

   nett (net-ter), schlapp (schlap-per), glatt (glat-ter), krumm (krum-mer), grell (grel-ler), matt (mat-ter)

3. Verlängere oder suche Wortverwandte.

   Süppchen (Sup-pe), Sonntag (Son-ne), Schwimmbecken (schwim-men), Schaffner (schaf-fen), Kenntnis (ken-nen), Rennwagen (ren-nen), Stellfläche (stel-len), Sammlung (sam-meln)

2. Hilf Gnork die Wörter wieder zu vervollständigen.

1. kalt, Wald, Welle, Welt, Halle, Falle, bald
2. Schuld, Volk, Kühler, Falte, sollen, Keller, alle
3. Pille, Gewalt, billig, schnell, Qualle, Geld, Held
4. Brille, Quelle, melden, Spalte, Schalter, Feld, Bild

3. Fünfmal hat Jörg nicht verdoppelt. Schreibe richtig.

Kannst du **denn** nicht heute zu mir **kommen**? Bringe **dann** doch unbedingt **alle** alten Bücher aus unserem Versteck mit!

Rechtschreibung

Kurze Vokale

k oder ck?

1. Kannst du dichten?

1. Lies die Reimwörter laut.

Sprich dabei die einzelnen Silben deutlich. Mache eine kurze Sprechpause zwischen den Silben. Beispiel: knik-ken. Jetzt kannst du das doppelte k, das ck geschrieben wird, hören. Wenn du schriftlich trennen möchtest, kommt ck jedoch in die nächste Zeile. Beispiel: *knicken (kni-cken)*

knicken	schmecken	drucken	backen
p___	l___	schl___	p___
bl___	r___	g___	h___
str___	w___	sp___	N___
n___	d___	d___	Z___
sch___	erschr___	z___	

2. Schreibe nun die Reimwörter auf.

2. Zerlege auch die folgenden Wörter in Sprechsilben und lies sie laut.
Beispiel: häkeln (hä-keln)

Laken, Haken, schaukeln, Balken, blöken, quaken

3. Astrid und Imke schreiben sich während des Unterrichts Briefe in der Schlumpfensprache.

1. Lest euch gegenseitig diese Briefe vor.

Gestern habe ich auf unserer Terrasse eine schrempfliche Entdempfung gemacht. Ich habe fast einen Schompf bekommen und die Angst sitzt mir noch immer im Nampfen: Auf dem Stuhl neben mir huschte plötzlich eine Ratte über meine Jampfe. Unser Dampfel war auch ganz außer sich, als er das Tier erblimpft hat. Das Stümpf Torte auf meinem Teller hat mir danach nicht mehr geschmempft.   ..Astrid

Das ist ja empfelhaft, fast wie in einer Spumpfgeschichte. Da habe ich lieber unsere Kümpfen, die quiempfenden Fermpfel und die quampfenden Frösche im Garten als eure Ratte. Ich wäre kranmpf vor Angst geworden. Spielst du heute Abend vielleicht im Dunmpfeln im Stadtparmpf mit Völmpferball? Ich muss aufhören – der Maier hat schon eine Bemermpfung gemacht.   Imke

2. Schreibe die beiden entschlüsselten Texte ins Heft. Unterstreiche die Buchstaben **k** und **ck**.

Kurze Vokale
k oder ck?

Rechtschreibung

1. 2. Schreibe nun die Reimwörter auf.

knicken	schmecken	drucken	backen
picken	lecken	schlucken	packen
blicken	recken	gucken	hacken
stricken	wecken	spucken	Nacken
nicken	decken	ducken	Zacken
schicken	erschrecken	zucken	

2. Zerlege auch die folgenden Wörter in Sprechsilben und lies sie laut.
La-ken, Ha-ken, schau-keln, Bal-ken, blö-ken, qua-ken

3. Briefe in der Schlumpfensprache

2. Schreibe die beiden entschlüsselten Texte ins Heft. Unterstreiche die Buchstaben **k** und **ck**.

Gestern habe ich auf unserer Terrasse eine schreckliche Entdeckung gemacht. Ich habe fast einen Schock bekommen und die Angst sitzt mir noch immer im Nacken: Auf dem Stuhl neben mir huschte plötzlich eine Ratte über meine Jacke. Unser Dackel war auch ganz außer sich, als er das Tier erblickt hat. Das Stück Torte auf meinem Teller hat mir danach nicht mehr geschmeckt.

Astrid

Das ist ja ekelhaft, fast wie in einer Spukgeschichte. Da habe ich lieber unsere Küken, die quiekenden Ferkel und die quakenden Frösche im Garten als eure Ratte. Ich wäre krank vor Angst geworden. Spielst du heute Abend vielleicht im Dunkeln im Stadtpark mit Völkerball? Ich muss aufhören – der Maier hat schon eine Bemerkung gemacht.

Imke

Rechtschreibung

Kurze Vokale

Kein ck in Fremdwörtern

Bei Fremdwörtern darfst du auch nach einem kurzen Vokal nur k schreiben. Beispiel: Grammatik.

1. Silbenrätsel

Schreibe die Fremdwörter mit **k** auf. Streiche die verwendeten Silben.

ber – brik – de – Dik – dil – Dok – E – Fa – fon – kat – ket – ko – ko – kro – Kro – la – lek – Mi – Ok – Pa – Pla – Rek – Scho – tat – tät – to – tor – tor – tri – zi

1. Klassenarbeit in Deutsch (Rechtschreibung) _____
2. Herstellungsort für viele Produkte _____
3. Anrede des Arztes: Herr … _____
4. Der Redner spricht in ein … _____
5. Leiter einer Schule _____
6. Wasserraubtier _____
7. großes Blatt an der Litfaßsäule _____
8. zehnter Monat im Jahr _____
9. Energie aus der Steckdose _____
10. Der Postbote bringt es. _____
11. Süßigkeit in Tafelform _____

2. Trage die folgenden Wörter in die richtige Blüte ein.
Schau_el, Bä_erei, Do_tor, Blin_licht, stri_en, Lo_e, Len_rad, Entde_ung, Ste_dose, di_tieren, De_e, strei_en

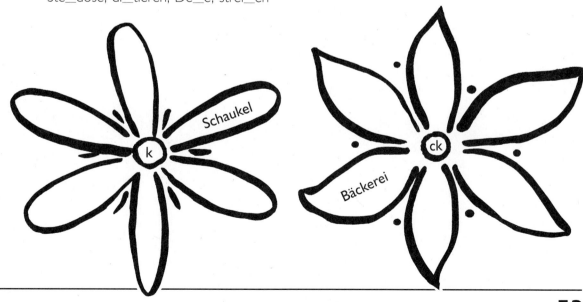

Kopiervorlage

Kurze Vokale

Rechtschreibung

Kein ck in Fremdwörtern

1. Silbenrätsel

Schreibe die Fremdwörter mit **k** auf. Streiche die verwendeten Silben.

1. Diktat
2. Fabrik
3. Doktor
4. Mikrofon
5. Rektor
6. Krokodil
7. Plakat
8. Oktober
9. Elektrizität
10. Paket
11. Schokolade

2. Trage die folgenden Wörter in die richtige Blüte ein.

Wörter mit k	Wörter mit ck
Schaukel	Bäckerei
Doktor	stricken
Blinklicht	Locke
Lenkrad	Entdeckung
diktieren	Steckdose
streiken	Decke

Rechtschreibung

Häufig gebrauchte Fremdwörter

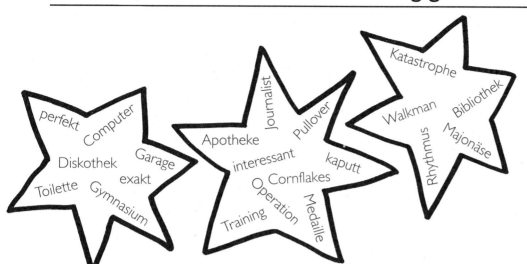

> Sind mir diese Wörter nicht schon auf anderen Planeten begegnet?

Sternwörter: perfekt, Computer, Diskothek, Garage, Toilette, exakt, Gymnasium / Apotheke, Journalist, Pullover, interessant, kaputt, Operation, Cornflakes, Training, Medaille / Katastrophe, Walkman, Bibliothek, Rhythmus, Majonäse

1. Sprich mit deiner Partnerin oder deinem Partner über die Bedeutung dieser Wörter. Hilf dir im Zweifelsfall mit dem Wörterbuch.

2. **Wörterjagd („Schiffe versenken")** (2 Mitspieler)
   Jeder trägt auf dem Spielplan I zwölf beliebige Fremdwörter ein. Beide Mitspieler sollen die Wörter des Gegners durch Abfragen der Felder herausfinden.
   Beispiel: „A 3?" – „P"; „A 9?" – „Nichts."

   Jeder darf so lange fragen, bis der Partner „Nichts" antwortet.
   Die erfragten Buchstaben trägt man auf dem Spielplan II ein. Wenn man nicht getroffen hat, streicht man das Feld.
   Gewonnen hat, wer als Erster die zwölf Fremdwörter des Partners richtig aufgeschrieben hat.

Spielplan I — Zeile A: _ _ P A R T Y _ _ _ _ _ _ (Felder 1–13, Zeilen A–Q)

Spielplan II — (Felder 1–13, Zeilen A–Q, leer)

Kopiervorlage **54** R

Häufig gebrauchte Fremdwörter

Rechtschreibung

1. Sprich mit deiner Partnerin oder deinem Partner über die Bedeutung dieser Wörter. Hilf dir im Zweifelsfall mit dem Wörterbuch.

perfekt:	vollendet, vollkommen
Computer:	elektronische Rechenanlage
Diskothek:	Tanzlokal
Garage:	Abstellplatz für Autos
Toilette:	WC
exakt:	genau, sorgfältig
Gymnasium:	höhere Schule
Apotheke:	Geschäft für Medikamente
interessant:	beachtenswert
Pullover:	warmes Kleidungsstück
Journalist:	Zeitungsmitarbeiter
kaputt:	entzwei
Medaille:	Auszeichnung für eine Leistung
Operation:	Maßnahme des Arztes im Krankenhaus
Cornflakes:	geröstete Maisflocken
Training:	Übung für einen Wettkampf
Walkman:	kleiner Kassettenrekorder mit Kopfhörern
Majonäse:	Beilage zu Pommes frites
Katastrophe:	Unglück großen Ausmaßes
Bibliothek:	Bücherei
Rhythmus:	regelmäßige Wiederkehr

Rechtschreibung

Silbentrennung

Teil I

1. Gnork weiß noch nicht, dass es Trennungsregeln gibt.

- **Einsilbige Wörter darfst du nicht trennen, z. B. Hund.**

    1. Schreibe selbst fünf einsilbige Tiernamen auf.

- **Der letzte Konsonant (Mitlaut) muss in die nächste Zeile, z. B. Af-fe.**

    2. Suche fünf Tiernamen mit mehreren Silben. Trenne.

- **Sch, ch und ck gelten als ein Buchstabe und kommen zusammen in die nächste Zeile, z. B. Frö-sche, Kra-ni-che, Bö-cke.**

    3. Trenne: Hirsche, Drachen, Dackel, Zecke, Heidschnucke, Fische, Molche

- **Ursprungswörter bleiben bei der Trennung erhalten, z. B. Klein-ohr-i-gel.**

    4. Trenne: Schleiereule, Waldameise, Tauchenten, Pfauenauge, Steppenelefant

2. Wusstest du schon, was Gespenster so alles können und was sie mögen und hassen?

    1. Lies den folgenden Text laut. Zerlege beim Sprechen die Wörter in Sprechsilben.

        1. Sie können Tassen, Teller, Schüsseln und Glühbirnen platzen lassen.
        2. Sie verrücken ohne Probleme schwere Truhen, Schränke, Kommoden, Kisten und Esstische mit dem kleinen Finger.
        3. Sie schalten Fernseher und Rundfunkgeräte ein und aus, ohne diese anzufassen.
        4. Sie spucken klebrigen Schleim aus.
        5. Sie fliehen vor Wärmflaschen, heißem Tee und Heizungen.
        6. Wenn sie Friedhofserde berühren, zerfallen sie zu Staub.

    2. Schreibe alle Wörter, die man trennen kann, aus dem Gespenster-Text heraus und zerlege sie in Silben.
        Beispiel: kön-nen

3. **Wer ist Trennungsmeister?** (Für 2 bis 4 Mitspieler)
    Jeder schreibt drei möglichst lange Wörter auf und diktiert sie seinen Mitspielerinnen und Mitspielern. Nun müssen alle jedes Wort in Silben zerlegen. Jedes richtig getrennte Wort ergibt einen Punkt.

Kopiervorlage

Silbentrennung

Rechtschreibung

Teil 1

1. Gnork weiß noch nicht, dass es Trennungsregeln gibt.

1. Schreibe selbst fünf einsilbige Tiernamen auf.
   Hund, Schwein, Kuh, Rind, Hirsch, ...

2. Suche fünf Tiernamen mit mehreren Silben. Trenne.
   Kat-ze, Wie-sel, Lö-we, Ti-ger, Am-sel, ...

3. Trenne.
   Hir-sche, Dra-chen, Da-ckel, Ze-cke, Heid-schnu-cke, Fi-sche, Mol-che

4. Trenne:
   Schlei-er-eu-le, Wald-a-mei-se, Tauch-en-ten, Pfau-en-au-ge, Step-pen-e-lefant

2. Wusstest du schon, was Gespenster so alles können und was sie mögen und hassen?

2. Schreibe alle Wörter, die man trennen kann, aus dem Gespenster-Text heraus und zerlege sie in Silben.

   1. kön-nen, Tas-sen, Tel-ler, Schüs-seln, Glüh-bir-nen, plat-zen, las-sen
   2. ver-rü-cken, oh-ne, Prob-le-me, schwe-re, Tru-hen, Schrän-ke, Kom-mo-den, Kis-ten, Ess-ti-sche, klei-nen, Fin-ger
   3. schal-ten, Fern-se-her, Rund-funk-ge-rä-te, oh-ne, die-se, an-zu-fas-sen
   4. spu-cken, kleb-ri-gen
   5. flie-hen, Wärm-fla-schen, hei-ßem, Hei-zun-gen
   6. Fried-hofs-er-de, be-rüh-ren, zer-fal-len

Rechtschreibung **Silbentrennung**

Teil 2

1. Bei der Landung seines Raumschiffs hat Gnork den Inhalt eines Papierkorbs völlig durcheinander gewirbelt. Er vermutet, dass es sich bei den Wortfetzen um eine geheime Botschaft handelt. Deshalb versucht er die Silben wieder zu Wörtern zusammenzusetzen.

1. Kannst du das auch? Schreibe die Wörter auf. Am besten fängst du mit den Silben mit großgeschriebenem Anfangsbuchstaben an. Streiche jede verwendete Silbe.

2. Zwei der Wörter stammen aus der Schulzeit deiner Großeltern. Wie heißen sie?

2. Suche möglichst viele mehrsilbige Wörter zum Thema „Unsere Wohnung". Zerlege sie nach den Trennungsregeln in Silben. Zeige das Ergebnis deiner Partnerin oder deinem Partner oder überprüfe es im Wörterbuch.

Silbentrennung
Teil 2

Rechtschreibung

I. 1. Kannst du das auch? Schreibe die Wörter auf.
Auch andere Kombinationen von Silben sind möglich.

Schultasche, Radiergummi, Spitzer, Bleistift, Lehrerzimmer, Klassenarbeit, Test, Wandtafel, Hefte, Zeugnis, Unterricht, Pausenhof, Federmappe, Hausaufgaben, Stundenplan, Direktor, Rucksack, Hausmeister, Tintenfass, Prügelstrafe

2. Zwei der Wörter stammen aus der Schulzeit deiner Großeltern. Wie heißen sie?

Die beiden Wörter heißen: Tintenfass, Prügelstrafe.

Rechtschreibung | **Zeichensetzung**

Satzschlusszeichen (Teil 1)

Die Idee dazu hatte der Deutsche Levi Strauß er wanderte 1848 von Bayern in die USA aus dort wollte er zu Reichtum kommen zuerst arbeitete er jedoch ohne großen Erfolg als Händler bei den Goldgräbern immer wieder hörte er die Arbeiter über die schlechte Qualität ihrer Hosen klagen da kam Strauß eine Idee aus blauem Segeltuch (eigentlich als Zelt- oder Wagenplane vorgesehen) ließ er Hosen nähen schon nach kurzer Zeit gehörten sie zur Goldgräberausrüstung wie Hacke, Schaufel und Sieb allmählich trugen sie auch Baumwollpflücker, Cowboys und Industriearbeiter als Arbeitskleidung nach dem Zweiten Weltkrieg brachten sie amerikanische Soldaten nach Europa dort sind sie seit etwa dreißig Jahren sehr beliebt sogar im Theater fällt man nicht mehr damit auf

1. 1. Gnork fällt auf, dass viele Kinder auf dieser Erde eine besondere Art von Hosen tragen.

   1. Lies seinen Tagebucheintrag über Bluejeans laut.

Der Punkt am Ende eines Aussagesatzes erleichtert uns das Lesen und das Verstehen des Inhalts.

   2. Schreibe den Text ab. Setze die fehlenden Punkte. Schreibe das erste Wort jedes neuen Satzes groß. Lies den Text nun noch einmal laut.

Hinter Ausrufe, Aufforderungen und Wünsche musst du ein Ausrufezeichen setzen.

2. 1. Oft gibt es bei den Mahlzeiten Ärger. Die Erwachsenen wollen den Kindern nämlich Essensmanieren beibringen. Was sagen sie zu ihnen? Nenne fünf Aufforderungen.
   Beispiel: Schnäuz dich nicht in das Tischtuch!

   2. Schreibe mindestens drei deiner Wünsche auf.
   Beispiel: Hätte ich doch mehr Taschengeld!

3. Ein Freund überlässt dir in den Ferien sein Haustier. Vorher brauchst du noch verschiedene Auskünfte über das Tier, wie Name, Futter, Fütterungszeiten, Bewegung (z. B. „Gassigehen"), Saubermachen, Schlaf und besondere Bedürfnisse. Schreibe deine Fragen auf.
Beispiel: Wie heißt dein Wellensittich?

Setze hinter einen Fragesatz ein Fragezeichen.

Zeichensetzung

Rechtschreibung

Satzschlusszeichen (Teil 1)

1. 2. Schreibe den Text ab. Setze die fehlenden Punkte. Schreibe das erste Wort jedes neuen Satzes groß.

Die Idee dazu hatte der Deutsche Levi Strauß. Er wanderte 1848 von Bayern in die USA aus. Dort wollte er zu Reichtum kommen. Zuerst arbeitete er jedoch ohne großen Erfolg als Händler bei den Goldgräbern. Immer wieder hörte er die Arbeiter über die schlechte Qualität ihrer Hosen klagen. Da kam Strauß eine Idee. Aus blauem Segeltuch (eigentlich als Zelt- oder Wagenplane vorgesehen) ließ er Hosen nähen. Schon nach kurzer Zeit gehörten sie zur Goldgräberausrüstung wie Hacke, Schaufel und Sieb. Allmählich trugen sie auch Baumwollpflücker, Cowboys und Industriearbeiter als Arbeitskleidung. Nach dem Zweiten Weltkrieg brachten sie amerikanische Soldaten nach Europa. Dort sind sie seit etwa dreißig Jahren sehr beliebt. Sogar im Theater fällt man nicht mehr damit auf.

2. 1. Was sagen sie zu ihnen? Nenne fünf Aufforderungen.

Mögliche Aufforderungen:

Rülpse nicht beim Essen!
Gebrauche Messer und Gabel!
Lege nicht den Kopf auf den Tisch!
Sprich nicht mit vollem Mund!
Nimm nur so viel auf den Teller, wie du essen kannst!
Bleib sitzen, bis alle fertig sind!

2. Schreibe mindestens drei deiner Wünsche auf.

Mögliche Wünsche:

Würden wir doch morgen die Mathematikarbeit nicht schreiben!
Hätte ich doch auch einen Hund!
Wäre doch mein Großvater wieder gesund!

3. Schreibe deine Fragen auf.

Mögliche Fragen:

Wie heißt dein Wellensittich?
Was bekommt das Tier als Futter?
Wann und wie oft soll ich es füttern?
Wie oft soll ich das Tier aus dem Käfig lassen?
Wie oft muss ich es baden (den Käfig sauber machen ...)?
Wann schläft das Tier?
Worauf muss ich noch achten?

Rechtschreibung | **Zeichensetzung**

Satzschlusszeichen (Teil 2)

 Gnorks Erlebnisse auf der Erde

Zahl der Mitspieler: 2
Zusätzlich braucht ihr: 1 Würfel, 2 Spielsteine

Gnork besucht euch und unterhält sich mit euch über viele Themen. Dabei verwendet er Aussagesätze, Fragen und Ausrufesätze (Wunschsätze, Befehlssätze).
Was sagt er?
Denkt euch auf dem Feld, auf das ihr kommt, Sätze von Gnork aus, zu denen das abgebildete Satzzeichen passt. Die Gesprächsthemen stehen neben den Feldern.

Beispiel: Bereich Schule:
1. **Feld: Punkt:**
   Bei uns fliegen die Lehrer durch die Klassen.
2. **Feld: Fragezeichen:**
   Warum sitzen in eurer Klasse keine Mondkälber?
3. **Feld: Ausrufezeichen:**
   Könnte ich doch nur beim Völkerball mitmachen!

Tier: 2 Felder zurück
Pflanze: 2 Felder vorwärts
Fehler: 3 Felder zurück

Ihr könnt das Spiel auch mehrere Male hintereinander spielen.

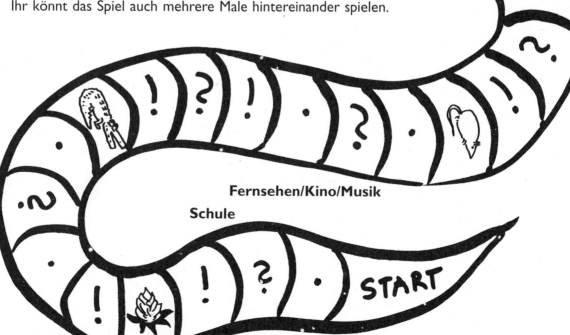

Rechtschreibung **Zeichensetzung**

Direkte Rede (Teil 1)

 Aus Bildern Texte machen – Wer ist der beste Satzbaumeister?

Baue zuerst Sätze, in denen der Inhalt der Sprechblasen **hinter** dem Begleitsatz steht.
Vermeide möglichst das Wort *sagen*.
Beispiel: 1. Donald jammerte: „Was mach' ich jetzt bloß?"

Achte darauf, ob es sich um eine Aussage, eine Frage oder einen Ausruf (Befehl, Wunsch) handelt. Setze dann die Zeichen nach folgendem Satzmuster:

1. Begleitsatz	2. direkte Rede
Dagobert meinte:	„Ich baue meinen Geldspeicher aus."
Donald fragte:	„Wo sind meine Neffen denn nur?"
Donald schrie:	„Kommt sofort nach Hause!"

① ② ③ ④

Walt Disneys Donald Duck Nr. 263. Stuttgart: Ehapa. © Disney.

2. Nun geht es umgekehrt. Der Inhalt der Sprechblasen dieser drei Bilder soll an den **Anfang** des Satzes.
Beispiel: 1. „Was mach' ich jetzt bloß?", jammerte Donald.

Gebrauche je nach Satzart folgendes Satzmuster:

1. direkte Rede	2. Begleitsatz
„Ich baue meinen Geldspeicher aus",	meinte Dagobert.
„Wo sind meine Neffen denn nur?",	fragte Donald.
„Kommt sofort nach Hause!",	schrie Donald.

3. Wähle nun die dritte Satzbaumöglichkeit: Baue den Begleitsatz **in** die direkte Rede der vier Sprechblasen ein.
Beispiel: 1. „Was", jammerte Donald, „mach' ich jetzt bloß?"

1. direkte Rede	2. Begleitsatz	3. direkte Rede
„Ich baue",	meinte Dagobert,	„meinen Geldspeicher aus."

Zeichensetzung

Rechtschreibung

Direkte Rede (Teil 1)

1. Baue zuerst Sätze, in denen der Inhalt der Sprechblasen **hinter** dem Begleitsatz steht.
Vermeide möglichst das Wort *sagen*.

   2. Der Glatzköpfige prahlte: „Ich habe von Anfang an gewusst, dass der Schmuck Diebesgut war."
   3. Donald schrie: „Hilfe! Holt mich hier raus!"
   4. Daisy fragte: „Donald! Was machst du denn für Sachen?"

2. Nun geht es umgekehrt. Der Inhalt der Sprechblasen dieser drei Bilder soll an den **Anfang** des Satzes.

   2. „Ich habe von Anfang an gewusst, dass der Schmuck Diebesgut war", prahlte der Glatzköpfige.
   3. „Hilfe! Holt mich hier raus!", schrie Donald.
   4. „Donald! Was machst du denn für Sachen?", fragte Daisy.

3. Wähle nun die dritte Satzbaumöglichkeit: Baue den Begleitsatz **in** die direkte Rede der vier Sprechblasen ein.

   2. „Ich habe von Anfang an gewusst", prahlte der Glatzköpfige, „dass der Schmuck Diebesgut war."
   3. „Hilfe!", schrie Donald. „Holt mich hier raus!"
   4. „Donald!", fragte Daisy. „Was machst du denn für Sachen?"

Rechtschreibung | **Zeichensetzung**

Direkte Rede (Teil 2)

Arbeite nun selbstständig als Satzbaumeister.

1. Wenn du dich in der Zeichensetzung noch nicht ganz sicher fühlst, nimmst du dir die Regeln vom vorigen Arbeitsblatt vor und schreibst alle Texte der Sprechblasen folgendermaßen auf:

1. Direkte Rede **hinter** den Begleitsatz stellen.
   Beispiel: 1. **Goofy überlegte:** „Karlchen schläft! Mal sehen, ob er auch zugedeckt ist!"

2. Direkte Rede **vor** den Begleitsatz stellen.
   Beispiel: 1. „Karlchen schläft! Mal sehen, ob er auch zugedeckt ist!", **überlegte Goofy.**

3. Begleitsatz in die direkte Rede **einbauen.**
   Beispiel: 1. „Karlchen schläft!", **überlegte Goofy.** „Mal sehen, ob er auch zugedeckt ist!"

Vermeide in deinen Sätzen möglichst das Wort *sagen*.

① Karlchen schläft! Mal sehen, ob er auch zugedeckt ist!

② Und ich dachte immer, Babys hätten keine Zähne...

③ Krrrmpf... Ruhe! Lass mich schlafen!

④ Nanu? Äh... was ist passiert? Wie komm' ich denn ins Wasser?

⑤ Hm... den Fußabdrücken nach ist der Dieb noch ziemlich klein!

⑥ Verflixt noch mal, wo hast du dich jetzt wieder versteckt?

Micky Maus Nr. 43 (15.10.1992) und Nr.12 (18.3.1993). Stuttgart: Ehapa. © Disney.

2. Wenn du dich schon sicher fühlst, wechselst du bei jedem neuen Satz die Stellung der direkten Rede.

Zeichensetzung

Direkte Rede (Teil 2)

1. Wenn du dich in der Zeichensetzung noch nicht ganz sicher fühlst, nimmst du dir die Regeln vom vorigen Arbeitsblatt vor und schreibst alle Texte der Sprechblasen folgendermaßen auf:

   1. Direkte Rede **hinter** den Begleitsatz stellen.
   2. Direkte Rede **vor** den Begleitsatz stellen.
   3. Begleitsatz in die direkte Rede **einbauen**.

   Bild 2:
   1. **Goofy jammerte:** „Und ich dachte immer, Babys hätten keine Zähne …"
   2. „Und ich dachte immer, Babys hätten keine Zähne …", **jammerte Goofy.**
   3. „Und ich dachte immer", **jammerte Goofy,** „Babys hätten keine Zähne …"

   Bild 3:
   1. **Goofy knurrte:** „Krrrmpf … Ruhe! Lass mich schlafen!"
   2. „Krrrmpf … Ruhe! Lass mich schlafen!", **knurrte Goofy.**
   3. „Krrrmpf … Ruhe!", **knurrte Goofy.** „Lass mich schlafen!"

   Bild 4:
   1. **Der Mann fragte sich:** „Nanu? Äh … was ist passiert? Wie komm' ich denn ins Wasser?"
   2. „Nanu? Äh … was ist passiert? Wie komm' ich denn ins Wasser?", **fragte sich der Mann.**
   3. „Nanu? Äh … was ist passiert?", **fragte sich der Mann.** „Wie komm' ich denn ins Wasser?"

   Bild 5:
   1. **Der Hase stellte fest:** „Hm … den Fußabdrücken nach ist der Dieb noch ziemlich klein!"
   2. „Hm … den Fußabdrücken nach ist der Dieb noch ziemlich klein!", **stellte der Hase fest.**
   3. „Hm …", **stellte der Hase fest,** „den Fußabdrücken nach ist der Dieb noch ziemlich klein!"

   Bild 6:
   1. **Goofy schimpfte:** „Verflixt noch mal, wo hast du dich jetzt wieder versteckt?"
   2. „Verflixt noch mal, wo hast du dich jetzt wieder versteckt?", **schimpfte Goofy.**
   3. „Verflixt noch mal", **schimpfte Goofy,** „wo hast du dich jetzt wieder versteckt?"

2. Wenn du dich schon sicher fühlst, wechselst du bei jedem neuen Satz die Stellung der direkten Rede.
   Sätze mit der richtigen Zeichensetzung findest du unter den Antworten zu Aufgabe 1.

Direkte Rede (Teil 3)

Schreibe den Ausschnitt aus dem Buch „Vorstadtkrokodile" mit den Zeichen der direkten Rede. Denke daran, dass du nach dem Doppelpunkt den ersten Buchstaben großschreibst.

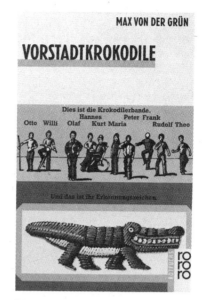

Heinz Edelmann. Rowohlt.

(Nachdem der zehnjährige Hannes zur Aufnahme in die „Krokodilerbande" eine gefährliche Mutprobe bestanden hatte, lernte er den querschnittsgelähmten Kurt kennen. Er fragte seine Mutter über ihn aus.)

Warum fragst du wunderte sich seine Mutter. Die wohnen nicht weit weg von uns, in der Silberstraße.
Und was ist mit dem Jungen fragte Hannes.
Die Mutter entgegnete der kann nicht laufen, der muss immer getragen oder gefahren werden, der ist querschnittsgelähmt. Als er drei Jahre alt war, ist er die Treppe runtergefallen.
Und davon kann man ... fragte Hannes.
Sicher erwiderte die Mutter wenn man unglücklich fällt. Die Operation damals hat auch nichts genützt ..., der Junge muss sein Leben lang im Rollstuhl sitzen.
Hannes meinte betroffen das ist ja schrecklich!
Und die Mutter fügte hinzu das hätte auch dir passieren können, wenn du vom Dach gefallen wärst. Das kann jedem Menschen passieren. Guck dir mal an, wenn er morgen früh um halb acht abgeholt wird. Du hast doch erst um zehn Schule.

(Am nächsten Morgen beobachtete Hannes die Probleme beim Transport des Jungen im Rollstuhl in einen Ford Transit.)

Hannes rannte plötzlich über die Straße und rief kann ich helfen?
Dafür bist du viel zu schwach antwortete der Fahrer und band den Rollstuhl mit Lederriemen fest.
Hannes fragte den Jungen im Rollstuhl wie heißt du denn?
Ich heiße Kurt. Und du bist Hannes, die Milchstraße, und dich hat die Feuerwehr vom Dach geholt.
Das weißt du fragte Hannes.
Ich weiß alles entgegnete Kurt was in der Siedlung vorgeht.

Nach: Max von der Grün: Vorstadtkrokodile. Hamburg: Rowohlt 1994.
© 1976 C. Bertelsmann Verlag GmbH, München.

Zeichensetzung

Rechtschreibung

Direkte Rede (Teil 3)

Schreibe den Ausschnitt aus dem Buch „Vorstadtkrokodile" mit den Zeichen der direkten Rede. Denke daran, dass du nach dem Doppelpunkt den ersten Buchstaben großschreibst.

(Nachdem der zehnjährige Hannes zur Aufnahme in die „Krokodilerbande" eine gefährliche Mutprobe bestanden hatte, lernte er den querschnittsgelähmten Kurt kennen. Er fragte seine Mutter über ihn aus.)

„Warum fragst du?", wunderte sich seine Mutter. „Die wohnen nicht weit weg von uns, in der Silberstraße."
„Und was ist mit dem Jungen?", fragte Hannes.
Die Mutter entgegnete: „Der kann nicht laufen, der muss immer getragen oder gefahren werden, der ist querschnittsgelähmt. Als er drei Jahre alt war, ist er die Treppe runtergefallen."
„Und davon kann man ...?", fragte Hannes.
„Sicher", erwiderte die Mutter, „wenn man unglücklich fällt. Die Operation damals hat auch nichts genützt ..., der Junge muss sein Leben lang im Rollstuhl sitzen."
Hannes meinte betroffen: „Das ist ja schrecklich!"
Und die Mutter fügte hinzu: „Das hätte auch dir passieren können, wenn du vom Dach gefallen wärst. Das kann jedem Menschen passieren. Guck dir mal an, wenn er morgen früh um halb acht abgeholt wird. Du hast doch erst um zehn Schule."

(Am nächsten Morgen beobachtete Hannes die Probleme beim Transport des Jungen im Rollstuhl in einen Ford Transit.)

Hannes rannte plötzlich über die Straße und rief: „Kann ich helfen?"
„Dafür bist du viel zu schwach", antwortete der Fahrer und band den Rollstuhl mit Lederriemen fest.
Hannes fragte den Jungen im Rollstuhl: „Wie heißt du denn?"
„Ich heiße Kurt. Und du bist Hannes, die Milchstraße, und dich hat die Feuerwehr vom Dach geholt."
„Das weißt du?", fragte Hannes.
„Ich weiß alles", entgegnete Kurt, „was in der Siedlung vorgeht."